©1995 Les Éditions Brimar inc.
338, rue Saint-Antoine Est
Montréal, Canada H2Y 1A3
Tél. (514) 954-1441
Fax (514) 954-5086

Conception graphique: Zapp
Photographie: Nathalie Dumouchel
Styliste/préparation des aliments: Josée Robitaille
Assistant styliste: Louis Hudon
Vaisselle prêtée par: Arthur Quentin
                    Pier 1 Imports
                    Stokes

Photographie de la couverture:
Pâtes primavera *(voir la recette, page 102)*

Primo est une marque déposée de
Primo Foods Limited
Woodbridge, Ontario
Canada, L4L 8M4

Toutes les recettes du livre de cuisine Primo,
Quel régal! ont été conçues, adaptées et testées
dans les cuisines Primo.

Directrice des cuisines Primo: Carolyn Gall
Conception des recettes et tests culinaires:
  Lesleigh Landry
Directeur de projet: Rob Steele
Assistante: Margaret Tauriello

Pour obtenir des renseignements d'ordre
nutritionnel sur chacune des recettes de
ce livre, envoyez toute demande, question
ou commentaire à:

            Primo Quel Régal!
            P.O. Box 56559
        Woodbridge Postal Outlet
          Woodbridge, Ontario
               L4L 8V3

ISBN 2-89433-187-8

Imprimé au Canada

Quel Régal!

Cuisiner avec art et avec goût est maintenant à votre portée, grâce à la riche gamme des produits alimentaires italiens Primo et au livre de cuisine Primo, *Quel régal!* Ce livre met en vedette les recettes classiques préférées de l'Italie traditionnelle, ainsi que certaines recettes plus contemporaines. Il démontre de toute évidence la passion de Primo pour des mets on ne peut plus succulents.

Le livre de cuisine Primo est plus qu'un quelconque livre de cuisine sur les pâtes alimentaires. Il s'agit d'un livre de cuisine complet, qui comprend aussi bien des recettes de pâtes délectables que d'autres sans pâtes: amuse-gueule, soupes, salades, plats de résistance et desserts.

Les 119 recettes délicieuses de ce livre se préparent facilement. Des pictogrammes fort utiles identifient les recettes simples et rapides à préparer, les classiques italiens, et les recettes à faible teneur en gras. Certaines recettes sélectionnées sont abondamment illustrées de photographies qui facilitent l'apprentissage de diverses techniques et garantissent la réussite. De plus, vous découvrirez nombre de remarques, suggestions, conseils et idées de présentation qui vous permettront de servir de délicieux repas à votre famille et à vos amis.

Quel régal! de Primo offre véritablement de quoi satisfaire chacun, et nous sommes persuadés que ce livre occupera une place de choix dans votre cuisine pendant de nombreuses années.

De notre famille à la vôtre... nous vous souhaitons beaucoup de plaisir à cuisiner !

L'HISTOIRE DES PRODUITS ALIMENTAIRES PRIMO

Primo Poloniato est né à Montebelluna, petite ville d'Italie. Il émigra au Canada en 1920, à l'âge de 6 ans. Primo signifie « premier » en italien et il fut nommé ainsi tout simplement parce qu'il était le premier né de la famille. Vers la fin des années 1940, Primo lança son propre commerce en tant que petit distributeur de produits alimentaires, vendant du pain frais, des biscuits, du salami et du fromage à l'arrière d'un vieux camion. Dès 1954, il achetait une petite compagnie de fabrication de pâtes alimentaires. Les produits Primo étaient nés.

Les produits alimentaires Primo sont devenus la plus grosse compagnie d'alimentation italienne dans tout le Canada. Actuellement, elle offre aux consommateurs une gamme complète de produits italiens: pâtes, sauces, fèves, tomates, huiles, soupes, biscuits, fromages râpés, sauces à pizza, riz, et autres. Primo s'est engagé à n'offrir que des produits de grande qualité. Et cet engagement est mis en évidence de façon incontestable tout au long de ce livre.

LES PICTOGRAMMES

Les meilleures recettes familiales de Primo utilisent certains pictogrammes pour vous aider à choisir les recettes que vous voulez préparer.

RAPIDE ET FACILE

Les recettes accompagnées de ce pictogramme peuvent être préparées et servies en moins de 45 minutes. Référez-vous à ces recettes pour préparer des repas rapides et délicieux les soirs de semaine.

CLASSIQUE ITALIEN

Ces recettes sont originaires de diverses régions d'Italie. Primo les a adaptées en prenant soin de conserver toute l'intégrité de ces recettes provenant de l'ancien monde.

FAIBLE EN GRAS

Ce pictogramme vous aidera à identifier rapidement les recettes à faible teneur en gras. Pour les hors-d'œuvre et les desserts, les recettes accompagnées de ce pictogramme contiennent moins de 5 g de gras par portion. Pour les soupes et les salades, elles contiennent moins de 15 g et pour les entrées et les desserts, moins de 18 g. Ces calculs ne tiennent pas compte d'ingrédients optionnels ajoutés ou de garnitures. Si vous désirez plus de renseignements d'ordre nutritionnel, n'hésitez pas à écrire à Primo, à l'adresse mentionnée au début du livre.

TABLE DES MATIÈRES

DES PÂTES PARFAITES

CONSERVATION :

• Les pâtes Primo conservées dans leur emballage hermétique se garderont plus de 2 ans avant que leur saveur et leur texture ne commencent à se dégrader. Sorties de leur emballage et rangées dans un contenant hermétique, les pâtes se garderont plus d'une année. Des bouteilles et des pots de verre remplis de différentes variétés de pâtes peuvent ajouter une touche décorative à toute cuisine !

CUISSON :

• Calculez 50 g (2 oz) de pâtes sèches par portion pour une entrée ou un accompagnement, et de 75 à 125 g (3 à 4 oz) pour un plat de résistance.

• Portez 4 litres (16 tasses) d'eau à ébullition, à feu vif, pour 450 g (1 lb) de pâtes. Ajoutez 1 c. à s. de sel, puis les pâtes.

• Remuez jusqu'à ce que l'eau bouille de nouveau. Commencez alors à calculer le temps de cuisson et laissez cuire à découvert, à pleine ébullition, en remuant de temps en temps.

• La seule façon de savoir si les pâtes sont cuites, c'est de les goûter. Tenez compte du temps suggéré sur l'emballage à titre suggestif. Les pâtes dégustées chaudes, accompagnées d'une sauce, devraient être cuites « al dente », c'est-à-dire bien cuites à l'extérieur mais fermes sous la dent. S'il s'agit de pâtes cuites au four, en couches superposées ou farcies, ou encore de pâtes servies en salade, elles doivent être bien cuites jusqu'au centre.

• Lorsque les pâtes ont atteint le degré de cuisson désiré, les égoutter et servir aussitôt. Les pâtes ne devraient jamais être rincées, sauf si elles sont destinées à être servies en salade, ou à être cuites au four, soit en couches superposées, soit farcies. Dans ce cas, elles devraient être rincées sous l'eau froide puis égouttées afin de mettre un terme au processus de cuisson.

• Faites cuire les pâtes lorsque la sauce qui les accompagne est presque prête, de telle sorte que la sauce puisse être versée chaude sur les pâtes brûlantes ; remuez rapidement et servez aussitôt. Les pâtes cuites au four, farcies ou en couches superposées, se couperont plus facilement après une période de repos de 10 minutes.

POUR RÉCHAUFFER LES PÂTES :

• Le four à micro-ondes permet de réchauffer les pâtes très facilement. Couvrez simplement le plat et faites-le chauffer environ 1 minute, à haute intensité.

• Les pâtes peuvent être également réchauffées dans une casserole d'eau bouillante. Immergez rapidement les pâtes cuites dans l'eau bouillante 30 secondes, égouttez-les et servez.

• Les soupes contenant des pâtes à potage doivent être servies rapidement. S'il en reste, les pâtes absorberont le liquide. Ajoutez alors un peu plus de bouillon ou d'eau afin d'éclaircir la soupe. De la même façon, un reste de pâtes en salade gardé au réfrigérateur nécessitera l'ajout d'un peu d'huile, de vinaigre ou autre ingrédient d'assaisonnement afin d'humecter de nouveau la salade.

LIGNES DIRECTRICES : PRINCIPES NUTRITIONNELS

Les lignes directrices du Guide alimentaire canadien soulignent que les pâtes et les autres produits dérivés des céréales sont un excellent choix de nourriture, et contribuent à un régime sain et équilibré. Les pâtes sont une excellente source de glucides, de vitamines et de minéraux. Le Guide alimentaire suggère de consommer entre 5 et 12 portions de produits à base de céréales par jour, selon le taux d'activité de l'individu. Soignez votre corps et incluez dès aujourd'hui les pâtes Primo dans votre régime alimentaire.

LA QUALITÉ PRIMO

Primo Foods Limited s'est engagé à ne produire que des pâtes alimentaires de première qualité. Primo utilise 100 % de blé durum canadien, hautement protéiné et faible en amidon, récolté spécifiquement pour la fabrication des pâtes parce qu'il leur confère une saveur et une texture exceptionnelles, ainsi qu'une teinte d'un beau jaune doré.

LES PÂTES, LEURS TAILLES, LEURS FORMES, ET LES SAUCES QUI LES ACCOMPAGNENT

Les pâtes procurent une variété, une diversité incroyable aux mets auxquels elles s'ajoutent. D'après leurs formes diverses, elles peuvent être classées en 5 grandes catégories :

LES PÂTES À POTAGE :
Les pâtes à potage comprennent une gamme variée de formes subtiles, parfois fort inhabituelles, telles les coquillettes, stelline, acini di pepe, orzo et petites pâtes alphabétiques. L'orzo peut remplacer le riz à longs grains comme accompagnement. Une autre bonne idée consiste à casser des pâtes longues et fines (capellini ou vermicelli) en fragments et de les ajouter à la soupe.

LES PÂTES COURTES :
Les pâtes telles les rotini, fusilli, penne, ziti, coquillettes et gnocchi ne représentent qu'un échantillon de cette catégorie. De plus, les penne et les pennine se présentent sous deux variétés différentes – « lisce », à surface lisse, ou « rigate », à surface striée. Les pâtes courtes sont idéales pour les salades, les plats mijotés au four ou accompagnés d'une sauce épaisse contenant divers ingrédients hachés grossièrement. Les rainures, stries ou torsades des pâtes s'imbibent et retiennent bien les particules. Soyez créatifs, essayez-en diverses sortes !

LES PÂTES LONGUES :
Elles sont soit tubulaires, soit plates, et leur épaisseur varie de très fine et délicate (capellini, vermicelli et spaghettini) à épaisse et consistante (spaghetti, fettucine et linguine). Les pâtes longues s'accompagnent mieux de sauces tomate simples, de sauces à base d'huile comme le pesto, ou de sauces crémeuses, fines et douces, qui nappent uniformément les pâtes. Les sauces au poisson et aux palourdes accommodent souvent de longues pâtes comme les linguine, fettucine et spaghetti.

LES NOUILLES :
Les nouilles Primo contiennent toujours des œufs entiers. Les nouilles Primo aux œufs, larges ou de taille moyenne, sont traditionnellement servies avec des sauces épaisses. Elles peuvent aussi agrémenter des plats en sauce ou des soupes copieuses. Les nouilles retiennent bien les sauces longuement mijotées, comme la sauce bolognaise ou le bœuf Stroganov.

AUTRES PÂTES :
Lasagne, coquilles géantes, cannelloni et manicotti sont des pâtes bien spécifiques, préalablement cuites à l'eau. Elles sont farcies ou disposées en couches avec une garniture, puis cuites au four, accommodées d'une sauce tomate ou d'une sauce à la crème et au fromage.

PÂTES AU FOUR VERSUS PÂTES TRADITIONNELLES :
Les pâtes au four, lasagne ou cannelloni, sont à peine plus minces que les pâtes traditionnelles. Grâce à elles, vous passerez moins de temps à cuisiner. En effet, ces pâtes cuisent dans une sauce, au four, ce qui élimine l'étape de la cuisson préalable dans l'eau bouillante.

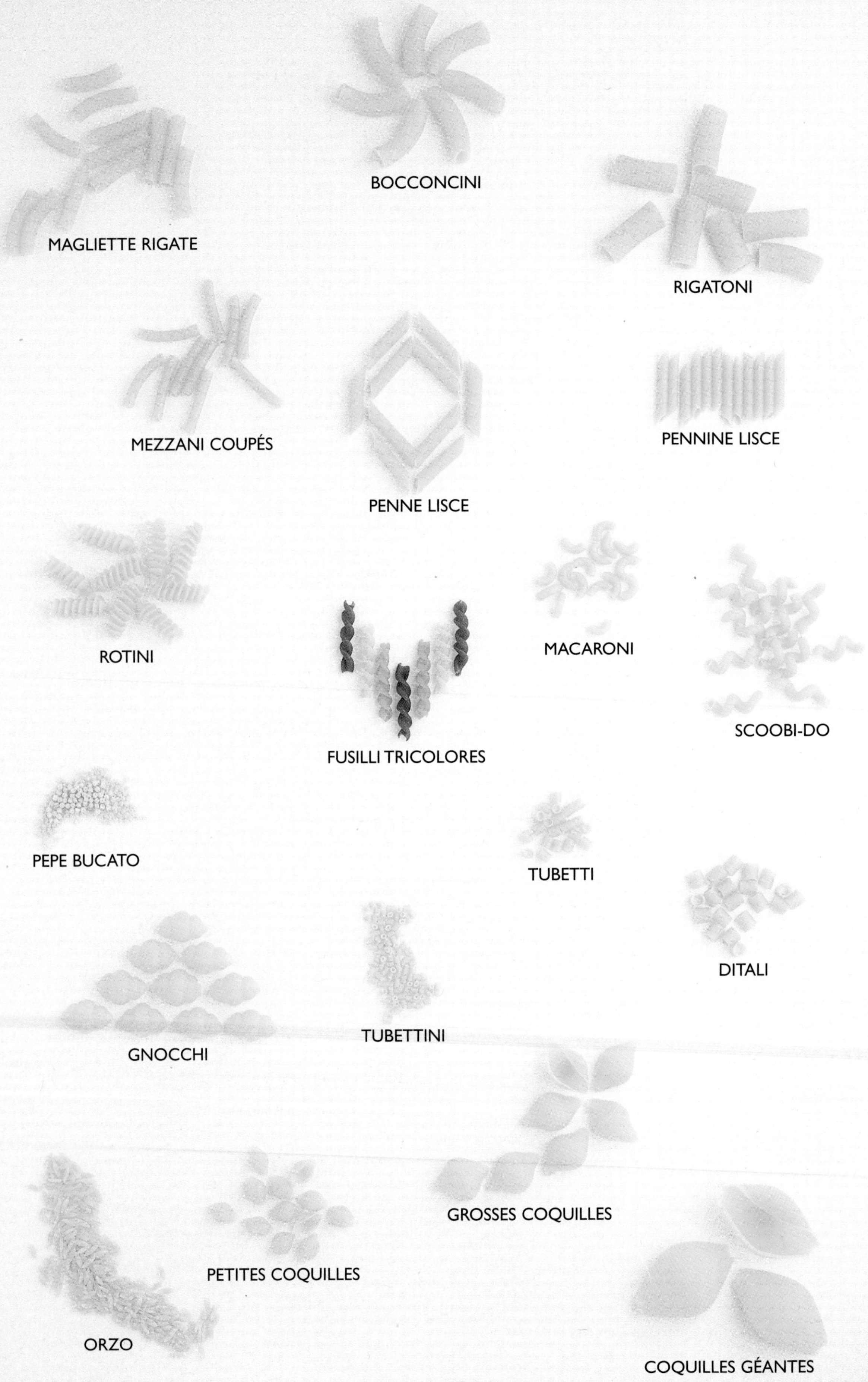

MAGLIETTE RIGATE

BOCCONCINI

RIGATONI

MEZZANI COUPÉS

PENNE LISCE

PENNINE LISCE

ROTINI

FUSILLI TRICOLORES

MACARONI

SCOOBI-DO

PEPE BUCATO

TUBETTI

DITALI

GNOCCHI

TUBETTINI

GROSSES COQUILLES

ORZO

PETITES COQUILLES

COQUILLES GÉANTES

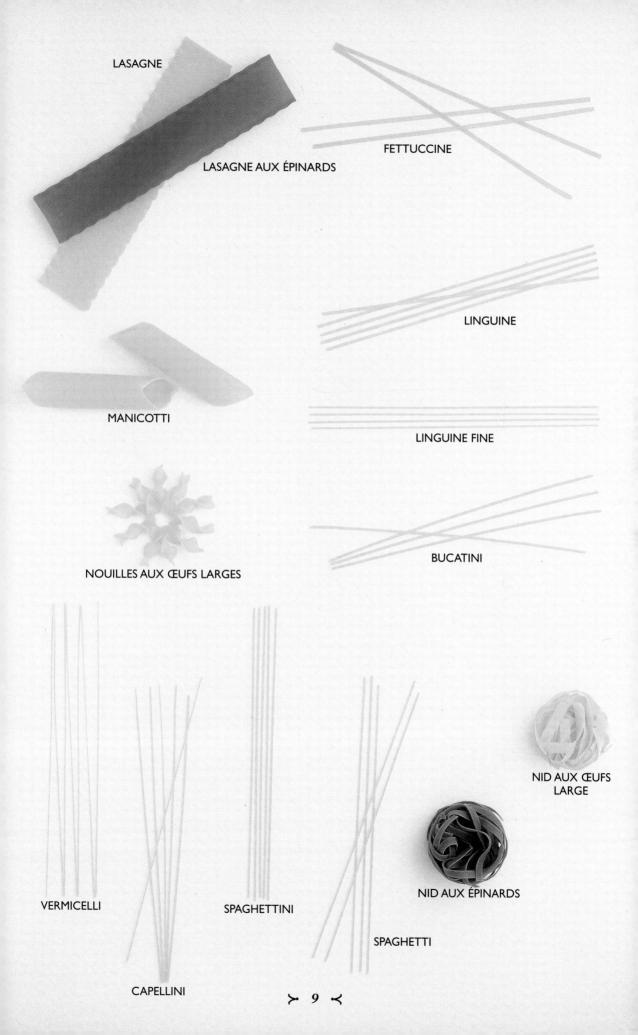

LASAGNE

LASAGNE AUX ÉPINARDS

FETTUCCINE

LINGUINE

MANICOTTI

LINGUINE FINE

NOUILLES AUX ŒUFS LARGES

BUCATINI

VERMICELLI

SPAGHETTINI

NID AUX ŒUFS LARGE

NID AUX ÉPINARDS

SPAGHETTI

CAPELLINI

DES INGRÉDIENTS FRAIS ET SAINS

Lorsque vous cuisinez, nous vous recommandons de n'utiliser que des ingrédients très frais. Nous vous assurons ainsi de bons résultats! Toutes nos recettes, adaptées et testées, utilisent l'un ou l'autre des ingrédients suivants, toujours très frais.

AIL ET GINGEMBRE: pour maximiser la saveur et la fraîcheur du plat, nous recommandons d'utiliser de l'ail et du gingembre frais. L'ail devrait être conservé à la température de la pièce, alors que le gingembre doit être rangé sans être couvert, dans le bac à légumes du réfrigérateur. Achetez ces ingrédients en petites quantités pour en assurer la fraîcheur. Chaque carré de gingembre de 2,5 cm (1 po) de côté donnera approximativement 15 ml (1 c. à s.) une fois finement haché. L'ail et le gingembre pré-conditionnés, en bocal, restent une solution de rechange convenable.

JUS DE CITRON ET DE LIME: les jus fraîchement pressés assurent un maximum de fraîcheur et de saveur. Si vous n'avez pas de presse-agrumes, piquez une fourchette dans un demi-citron ou une demi-lime et tournez. Un citron de taille moyenne donnera approximativement 50 ml (¼ de tasse) de jus, alors qu'une lime de taille moyenne en donnera 25 ml (2 c. à s.).

LES FINES HERBES

Les recettes de ce livre ont été testées en utilisant des fines herbes fraîches, afin de maximiser la saveur et le caractère particulier de chaque plat. S'il vous est impossible d'obtenir des fines herbes fraîches à votre épicerie, remplacez-les par des herbes séchées, en utilisant le tiers de la quantité requise. Les herbes séchées ont une saveur plus prononcée. À titre d'exemple, si 15 ml (1 c. à s.) de thym frais entre dans la confection d'un mets, n'utilisez que 5 ml (1 c. à c.) de thym séché.

FEUILLE DE LAURIER: feuille oblongue, ferme, du laurier-sauce, d'un vert sombre. Comme condiment, la feuille de laurier est utilisée le plus souvent séchée. Il est difficile d'en trouver des fraîches.

BASILIC: plante aromatique annuelle, douce, de même famille que la menthe, avec de larges feuilles aplaties et vert pâle. Délicate saveur de réglisse. Idéal pour aromatiser soupes et ragoûts.

CORIANDRE: plante aromatique verte, à feuilles plates et arrondies. Saveur poivrée particulière. Souvent utilisée dans la cuisine latino-américaine, mexicaine ou asiatique.

ANETH: plante aromatique duveteuse, d'un vert sombre. Souvent utilisé dans la cuisine scandinave, et pour assaisonner les poissons et les fruits de mer.

ORIGAN: plante aromatique verte, à feuilles arrondies relativement petites. Souvent utilisé comme condiment dans les cuisines grecques et italiennes.

PERSIL: plante odorante, annuelle ou bisannuelle, soit frisée ou à feuilles plates (variété dite italienne). Utilisez de préférence le persil italien, à saveur plus prononcée. Le persil frisé est idéal pour garnir les plats.

ROMARIN: plante aromatique à tige longue, mince, en aiguille, avec de petites feuilles fermes. Le romarin a une forte saveur de camphre.

SAUGE: plante aromatique à feuilles vertes, larges, longues, et d'apparence râpeuse. Goût subtil et doux. Condiment idéal dans les farces, les pains et les légumes.

THYM: plante aromatique aux feuilles très petites et arrondies. Goût relevé, légèrement âcre. Aromatise agréablement les farces, les sauces au poisson, les aubergines, les champignons et les plats de viande.

PERSIL ITALIEN

ORIGAN

ROMARIN

PERSIL FRISÉ

BASILIC

THYM

ANETH

CORIANDRE

FEUILLES DE LAURIER

SAUGE

LES ÉPICES

LES épices ajoutent ce petit quelque chose d'extra aux recettes et transforment des plats tout simples en mets raffinés et plein d'arômes. Pour obtenir leur véritable saveur, achetez les épices entières et moulez-les ou écrasez-les juste avant de les utiliser. Les épices entières se conserveront indéfiniment tandis que les épices moulues commenceront à perdre leur saveur après un an. Gardez les épices dans des contenants hermétiques éloignés de la lumière du soleil et de toute source de chaleur directe.

POIVRE NOIR: toute cuisine devrait être équipée d'un moulin à poivre, car cette épice perd de sa saveur dès qu'elle est moulue. Il est donc préférable de le moudre soi-même, au fur et à mesure des besoins.

POIVRE DE CAYENNE: piments chilis rouges, forts, séchés puis réduits en poudre. Saveur très piquante.

CANNELLE: l'écorce de l'arbre. Saveur épicée, chaude et piquante, au goût de noisette. Elle peut être utilisée en poudre ou en bâtonnets, et sert à aromatiser les sauces.

POUDRE DE CHILI: mélange d'herbes et d'épices contenant des quantités variables de cumin, de poivre de Cayenne et d'origan.

CLOUS DE GIROFLE: saveur intense, relevée, épicée. Peuvent être utilisés entiers ou moulus.

GRAINES DE CORIANDRE: entières ou moulues, elles sont utilisées dans les mélanges d'épices indiens et dans certaines pâtisseries européennes.

CUMIN: graines entières ou moulues. Saveur piquante, un peu âcre. Aromatise souvent la cuisine mexicaine, asiatique et moyen-orientale.

FENOUIL: plante aromatique annuelle douce. Saveur subtile de réglisse. Récolté pour ses graines pleines de saveur et pour son bulbe consommé comme légume.

PIMENT FORT EN FLOCONS: piments chilis rouges, forts, séchés et écrasés. Très piquant.

MUSCADE: fruit du muscadier, arbre tropical. Saveur odorante, douce mais fortement épicée. Achetez les noix entières et râpez-les au fur et à mesure, avec le côté bien mordant d'une râpe ou à l'aide d'une râpe à muscade. Les noix de muscade pré-moulues ont toujours moins de saveur.

PAPRIKA: variété de piment doux, séché puis réduit en poudre. Saveur douce, légère.

SAFRAN: épice constituée des stigmates de la fleur du crocus. Saveur piquante et fleurie. Procure aux plats mijotés une merveilleuse teinte jaune-orangé.

CURCUMA: épice aromatique de l'est de l'Inde, apparentée au gingembre. Entre dans la composition du cari.

LES BOUILLONS

LES recettes ont été testées en utilisant des bouillons de volaille ou de bœuf en conserve, à faible teneur en sodium, dilués selon les instructions sur l'emballage. Toute portion en excès doit être réfrigérée aussitôt, et peut ainsi se conserver 3 jours. Si vous utilisez un bouillon en conserve ordinaire, le mets préparé peut être trop salé. Réduisez donc toute quantité de sel en conséquence. Le bouillon en poudre ou les cubes de bouillon sont très salés, contiennent du glutamate monosodique, et sont peu recommandés. Utilisez de préférence un bouillon fait maison, assaisonné de sel et de poivre.

POUDRE DE CHILI

PAPRIKA

POIVRE DE CAYENNE

CURCUMA

PIMENT FORT EN FLOCONS

SAFRAN

GRAINES DE CUMIN

GRAINES DE FENOUIL

GRAINES DE CORIANDRE

MUSCADE

CANNELLE

CLOUS DE GIROFLE

LES INFLUENCES ASIATIQUES

SAUCE SOYA: regardez sur l'étiquette et assurez-vous que la sauce soit naturellement brassée – ce qui donne une saveur plus ronde aux fritures et aux plats sautés. Disponible dans la section des aliments asiatiques de votre supermarché. Réfrigérez la bouteille une fois ouverte.

SAUCE HOISIN: une sauce chinoise brune et épaisse, salée, au goût de soya, à base de prunes, de soya, de sésame et de vinaigre. Disponible dans la plupart des supermarchés. Réfrigérez la bouteille une fois ouverte.

SAUCE AUX HUÎTRES: une sauce brune épaisse, salée, légèrement douce, à base d'extrait d'huîtres, de sauce soya, de farine et de riz. Disponible dans la plupart des supermarchés. Réfrigérez la bouteille une fois ouverte.

HUILE DE SÉSAME: à base de graines de sésame, grillées ou non, et pressées. À utiliser comme huile d'assaisonnement. Elle ne doit jamais cuire. Réfrigérez la bouteille une fois ouverte.

SAUCE ORIENTALE AU CHILI (EN PÂTE): ne pas confondre avec la sauce aux piments forts. La sauce orientale au chili est plus épaisse, et contient différents ingrédients comme des prunes, de l'ail et de la patate douce, en plus des piments chilis. Sa force varie selon la marque de commerce. On en trouve dans certains supermarchés. Réfrigérez après l'emploi.

COMMENT CONSERVER, GRILLER ET UTILISER LES NOIX ET LES AMANDES

Griller les noix et les amandes accentue leur saveur. Nous recommandons donc de les faire griller avant toute utilisation. Surveillez attentivement le processus parce qu'elles brûlent facilement. Dans une recette, lorsque les noix ou les amandes font partie intégrante de l'assaisonnement ou de la sauce, ne les ajoutez qu'au dernier moment, sinon elles ramollissent et perdent leur texture croquante. Conservez toutes les noix et les amandes au congélateur ; elles garderont ainsi leur fraîcheur plusieurs mois. Ne les conservez jamais à la température de la pièce : elles rancissent, prennent un goût très amer et peuvent être la cause d'empoisonnement alimentaire.

AMANDES: disposez-les dans un plat allant au four, par exemple un moule à tarte en verre. Faites-les griller au four, à 180 °C (350 °F) de 7 à 10 minutes, ou jusqu'à ce qu'elles dégagent une odeur parfumée.

PIGNONS: la meilleure façon de les faire griller est de les faire chauffer à feu moyen, dans une petite poêle, pendant 3 à 5 minutes ou jusqu'à ce qu'ils soient dorés, en remuant sans cesse.

PACANES ET NOIX DE GRENOBLE: disposez les noix dans un plat allant au four, par exemple un moule à tarte en verre. Faites-les griller au four à 180 °C (350 °F) de 5 à 10 minutes, jusqu'à ce qu'elles dégagent une odeur parfumée.

Entrées et
Hors-d'œuvre

Funghi marinati

CHAMPIGNONS MARINÉS

*Les champignons marinés dans cette vinaigrette aux fines herbes
et au citron deviennent tendres et juteux.*

50 ml	*chacun* des ingrédients suivants: huile d'olive 100 % pure PRIMO, eau, persil frais haché	¼ tasse
1	petit oignon, émincé	1
1	gousse d'ail, hachée finement	1
1	feuille de laurier	1
2 ml	thym séché	½ c. à t.
2 ml	sel	½ c. à t.
1 ml	poivre	¼ c. à t.
1	pincée de clous de girofle en poudre	1
450 g	petits champignons	1 lb

• Dans une casserole, mélanger l'huile d'olive, l'eau, le persil, l'oignon, l'ail, la feuille de laurier, le thym, le sel, le poivre et les clous de girofle.

• Porter à ébullition à feu moyen-vif; laisser cuire 2 minutes. Ajouter les champignons, mélanger et poursuivre la cuisson 15 minutes, à feu moyen.

• Laisser refroidir dans la marinade, puis réfrigérer. Se conserve jusqu'à 5 jours au réfrigérateur.

PRÉPARATION : 10 MINUTES
CUISSON : 20 MINUTES
DONNE 625 ML (2½ TASSES)

Olive marinate

OLIVES MARINÉES

1	bocal de 375 ml d'olives reines nature de PRIMO	1
50 ml	*chacun* des ingrédients suivants: eau, vinaigre de vin rouge PRIMO, huile d'olive 100 % pure PRIMO	¼ tasse
2 ml	*chacun* des ingrédients séchés suivants: thym, fenouil, romarin	½ c. à t.
2	gousses d'ail, écrasées	2
2	feuilles de laurier	2

• Égoutter les olives, puis les remettre dans le bocal. Réserver.

• Dans une petite casserole, mélanger l'eau, le vinaigre, l'huile d'olive, le thym, le fenouil, le romarin, l'ail et les feuilles de laurier.

• Porter à ébullition à feu moyen-vif; baisser le feu et laisser mijoter 5 minutes. Verser sur les olives et laisser reposer au moins 4 heures avant de servir. Se garde jusqu'à 3 semaines au réfrigérateur.

VARIANTE AU FROMAGE DE CHÈVRE : mélanger 115 g (¼ lb) de fromage de chèvre avec 25 ml (2 c. à s.) de persil frais haché. Façonner en 6 boulettes de 15 ml (1 c. à s.) chacune; les rouler dans du poivre fraîchement moulu, les mettre dans un bocal ou un contenant hermétique et réserver. Laisser refroidir la marinade, puis la verser sur le fromage de chèvre. Laisser mariner jusqu'au lendemain.

PRÉPARATION : 10 MINUTES
MACÉRATION : 4 HEURES
CUISSON : 5 MINUTES
DONNE UN BOCAL D'OLIVES

CROSTINI all'AGLIO

CROSTINI À L'AIL

50 ml	huile d'olive 100 % pure PRIMO	¼ tasse
2	gousses d'ail, hachées finement	2
1	baguette, coupée en rondelles de 2,5 cm (1 po) d'épaisseur	1

●Préchauffer le four à 190 °C (375 °F). Dans un petit bol, mélanger l'huile avec l'ail.

●Disposer les tranches de pain sur une plaque allant au four. Badigeonner le dessus du mélange à l'huile. Faire cuire au four 10 minutes ou jusqu'à ce que le pain soit légèrement grillé. Servir avec des trempettes et des tartinades.

PRÉPARATION : 5 MINUTES
CUISSON : 10 MINUTES
DONNE 32 CROSTINI

TREMPETTE CHAUDE AUX CŒURS D'ARTICHAUTS

1	boîte de 398 ml (14 oz) de cœurs d'artichauts marinés PRIMO, égouttés et hachés finement	1
375 ml	fromage mozzarella partiellement écrémé, râpé grossièrement	1½ tasse
250 ml	mayonnaise légère	1 tasse
75 ml	fromage 100 % Parmesan râpé PRIMO	⅓ tasse
2	gousses d'ail, hachées finement	2

●Dans un bol, bien mélanger les cœurs d'artichauts, la mozzarella, la mayonnaise, le parmesan et l'ail.

●Verser dans un plat de 1 litre (4 tasses) allant au four et faire cuire au four à 180 °C (350 °F) pendant 25 minutes ou jusqu'à ce que la préparation soit chaude et qu'elle bouillonne. Peut se préparer tôt dans la journée et être cuit juste avant de servir.

PRÉPARATION : 10 MINUTES
CUISSON : 25 MINUTES
DONNE 625 ML (2½ TASSES)

TREMPETTE AUX PIMENTS DOUX RÔTIS

1	paquet de fromage à la crème léger de 250 g (½ lb)	1
2	gousses d'ail, hachées finement	2
3	piments doux rôtis PRIMO, bien égouttés	3

●Au robot culinaire, réduire en une pâte lisse le fromage à la crème, l'ail et les piments doux rôtis. Peut se préparer un jour à l'avance.

PRÉPARATION : 5 MINUTES
DONNE 375 ML (1½ TASSE)

Focaccia

PÂTE :

1	sachet de 8 g de levure sèche	1
1	pincée de sucre	1
500 ml	eau tiède	2 tasses
1¼ litre	farine tout usage	4½ tasses
50 ml	huile d'olive 100 % pure PRIMO	¼ tasse
5 ml	sel	1 c. à t.
25 ml	farine de maïs PRIMO	2 c. à s.

GARNITURE :

500 ml	oignons émincés	2 tasses
45 ml	huile d'olive 100 % pure PRIMO	3 c. à s.
2 ml	sel	½ c. à t.

—•—

• Dans un grand bol, faire dissoudre la levure et le sucre dans 125 ml (½ tasse) d'eau tiède. Laisser reposer 10 minutes, jusqu'à ce qu'une mousse se forme à la surface. Incorporer 375 ml (1½ tasse) d'eau tiède et 500 ml (2 tasses) de farine. Couvrir et laisser reposer dans un endroit chaud, à l'abri des courants d'air, 45 minutes ou jusqu'à ce que le mélange soit mousseux et ait doublé de volume.

• Avec une cuillère en bois, incorporer 25 ml (2 c. à s.) d'huile d'olive, le sel et 500 ml (2 tasses) de farine. Renverser sur un plan de travail et pétrir pendant 15 minutes, en ajoutant le reste de la farine jusqu'à ce que la pâte ne colle plus et qu'elle soit lisse et élastique. La diviser en deux et façonner chaque moitié en une boule lisse.

• Avec le reste d'huile d'olive, huiler deux moules à gâteaux de 1,5 litre (9 po de diamètre), puis saupoudrer 15 ml (1 c. à s.) de farine de maïs dans chacun d'eux.

• Déposer une boule de pâte dans chacun des moules et appuyer dessus pour qu'elle remplisse bien le moule. Couvrir et laisser lever dans un endroit chaud, à l'abri des courants d'air, 45 minutes ou jusqu'à ce que la pâte ait doublé de volume. La piquer avec les doigts.

• Entre-temps, dans un poêlon, faire chauffer 15 ml (1 c. à s.) d'huile d'olive. Y faire revenir les oignons 5 minutes ou jusqu'à ce qu'ils soient ramollis et légèrement dorés. Réserver.

• Badigeonner la pâte de 15 ml (1 c. à s.) d'huile d'olive, puis la saupoudrer de 1 ml (¼ c. à t.) de sel. Répartir uniformément la garniture à l'oignon entre les deux moules. Faire cuire au four à 230 °C (450 °F) pendant 20 à 30 minutes ou jusqu'à ce que la pâte soit légèrement dorée.

PRÉPARATION : 30 MINUTES
TEMPS DE REPOS : 1½ HEURE
CUISSON : 20 MINUTES
DONNE 2 PAINS DE 23 CM (9 PO) DE
  DIAMÈTRE

Faire dissoudre la levure et le sucre dans la moitié de l'eau chaude. Laisser reposer jusqu'à ce qu'une mousse se forme à la surface. Incorporer le reste de l'eau tiède et 500 ml (2 tasses) de farine.

Incorporer 25 ml (2 c. à s.) d'huile d'olive, le sel et 500 ml (2 tasses) de farine.

Pétrir 15 minutes en ajoutant de la farine jusqu'à ce que la pâte ne colle plus. La pâte devrait être lisse et élastique. La diviser en deux et façonner chacune des moitiés en boule.

Déposer les boules de pâte dans les moules préparés et appuyer dessus pour qu'elles remplissent bien les moules.

Faire cuire les oignons dans l'huile chaude 5 minutes ou jusqu'à ce qu'ils soient ramollis et légèrement dorés.

Répartir uniformément la garniture à l'oignon entre les deux moules.

POINTES DE PAIN PITA CROUSTILLANTES

*Servez-les avec l'hummus, la trempette aux piments doux rôtis,
la trempette chaude aux cœurs d'artichauts et la tartinade aux haricots italiens.*

2	pains pita	2
75 ml	huile d'olive 100 % pure PRIMO	⅓ tasse
2	gousses d'ail, hachées finement	2
1 ml	cumin moulu	¼ c. à t.

- Préchauffer le four à 180 °C (350 °F).

- Couper chaque pain pita en deux.

- Mélanger l'huile d'olive, l'ail et le cumin; en badigeonner les deux faces du pain pita. Couper chaque demi-pain pita en 12 pointes.

- Disposer les pointes de pain pita sur une plaque allant au four et faire cuire 20 minutes ou jusqu'à ce qu'elles soient croustillantes et dorées. Se gardent jusqu'à 2 semaines dans un contenant hermétique.

PRÉPARATION : 10 MINUTES
CUISSON : 20 MINUTES
DONNE 48 POINTES DE PAIN PITA

HUMMUS AUX POIS CHICHES

Du jus de citron frais rehaussera la saveur de cette recette.

1	boîte de 540 ml (19 oz) de pois chiches PRIMO, rincés et égouttés	1
75 ml	huile d'olive 100 % pure PRIMO	⅓ tasse
45 ml	jus de citron	3 c. à s.
2	gousses d'ail, hachées finement	2
25 ml	tahini ou beurre d'arachide non sucré	2 c. à s.
2 ml	sel	½ c. à t.
	persil frais haché	

- Au robot culinaire, réduire en une pâte lisse les pois chiches, l'huile d'olive, le jus de citron, l'ail, le tahini et le sel.

- Verser dans un bol, parsemer de persil et servir avec des pointes de pain pita croustillantes.

PRÉPARATION : 10 MINUTES
DONNE ENVIRON 500 ML (2 TASSES)

QUADRATINI di POLENTA GRATINATA con GORGONZOLA

CARRÉS DE POLENTA GRILLÉE AU GORGONZOLA

POLENTA :

1,75 litre	eau	**7 tasses**
5 ml	sel	**1 c. à t.**
375 ml	farine de maïs PRIMO	**1½ tasse**
115 g	fromage gorgonzola, coupé en 38 cubes	**¼ lb**
	huile végétale PRIMO	

• À feu moyen-vif, dans une casserole à fond épais, porter à ébullition l'eau additionnée de sel. En fouettant continuellement, ajouter lentement, en un mince filet continu, la farine de maïs.

• Baisser le feu à moyen-doux et, sans cesser de remuer, faire cuire 25 à 30 minutes ou jusqu'à ce que la polenta soit épaisse et lisse.

• Étaler la polenta chaude sur une plaque à biscuits de (13¼ po sur 9¼ po sur ⅝ po) graissée, afin qu'elle remplisse bien le moule. Laisser refroidir complètement.

• Huiler et préchauffer le gril. Renverser la polenta sur une planche à découper, puis la couper en losanges.

• Faire griller la polenta 2 minutes ou jusqu'à ce qu'elle soit légèrement dorée. Retourner les tranches de polenta et déposer un cube de fromage sur chacune d'elles. Faire griller jusqu'à ce que le dessous soit doré et le fromage fondu, soit environ 2 minutes. Garnir de tranches de poivron rouge et de feuilles de basilic, si désiré.

CONSEIL : lorsque la polenta est refroidie, détaillez-la à l'aide d'emporte-pièce bien aiguisés.

PRÉPARATION : 40 MINUTES
CUISSON : 30 À 35 MINUTES
CUISSON AU GRIL : 10 MINUTES
DONNE 38 LOSANGES

En fouettant continuellement, ajouter la farine de maïs lentement, en un mince filet continu.

Étaler la polenta chaude sur une plaque à biscuits graissée afin qu'elle remplisse bien le moule.

Renverser la polenta sur une planche à découper, puis la couper en losanges.

Mini pizzas

*Pour une fête d'enfants, égayez ces pizzas en leur faisant un visage
ou, pour une variante plus sophistiquée, garnissez-les de pesto,
de tomates fraîches ou séchées, d'artichauts, de courgettes, de poivrons,
de ciboulette, de brie, de camembert, etc.*

6	muffins anglais	6
1	boîte de 213 ml (7½ oz) de sauce à pizza originale PRIMO	1
125 ml	champignons tranchés	½ tasse
2	oignons verts, hachés	2
375 ml	fromage mozzarella râpé	1½ tasse

• Préchauffer le four à 200 °C (400 °F).

• Séparer les muffins anglais en deux et disposez-les sur des plaques allant au four, le côté mie vers le haut.

• Étaler 15 ml (1 c. à s.) de sauce à pizza sur chaque demi-muffin. Garnir de champignons, d'oignons verts et de fromage.

• Faire cuire au four 15 minutes ou jusqu'à ce que la sauce soit chaude et qu'elle bouillonne. Les pizzas peuvent se préparer à l'avance et être congelées. Prolonger la cuisson de 5 minutes pour les pizzas congelées.

PRÉPARATION : 10 MINUTES
CUISSON : 15 À 20 MINUTES
DONNE 12 MINI-PIZZAS

ANTIPASTO

Garnissez ce plateau d'amuse-gueule appétissant
de n'importe quelle sorte de salami.

1	bocal de 500 ml de légumes mélangés (Giardiniera) PRIMO, égouttés	1
12	tranches de *chacun* des ingrédients suivants: salami génois, prosciutto, fromage provolone doux	12
1	bocal de 170 ml de cœurs d'artichauts marinés PRIMO, égouttés	1
125 ml	olives moyennes noires dénoyautées PRIMO	½ tasse
125 ml	olives vertes farcies PRIMO, égouttées	½ tasse
125 ml	bâtonnets de carotte	½ tasse
125 ml	bâtonnets de céleri	½ tasse

● Disposer la giardiniera au centre d'un plateau de service de 30 cm (12 po) de diamètre.

● Rouler les tranches de salami génois, de prosciutto et de provolone, puis les disposer autour des légumes mélangés.

● Disposer ensuite autour du salami et du fromage, les cœurs d'artichauts, les olives noires et vertes, les bâtonnets de carotte et de céleri.

CONSEIL: pour mesurer les bâtonnets de céleri et de carotte, placez-les debout dans une tasse à mesurer de 125 ml (½ tasse) vide.

PRÉPARATION: 15 MINUTES
DONNE 8 PORTIONS

Laisser refroidir le riz, puis incorporer le jaune d'œuf battu.

Façonner le mélange au riz en 24 boulettes. Insérer un cube de mozzarella au milieu de chaque boulette; bien le recouvrir de riz.

Faire frire les boulettes par portions jusqu'à ce qu'elles soient dorées, soit environ 45 secondes de chaque côté.

SUPPLÌ di RISO

CROQUETTES DE RIZ

1 litre	bouillon de poulet	4 tasses
25 ml	beurre	2 c. à s.
400 ml	riz italien arborio PRIMO	1²⁄₃ tasse
75 ml	fromage 100 % Parmesan râpé PRIMO	¹⁄₃ tasse
1	jaune d'œuf, battu	1
115 g	fromage mozzarella, coupé en 24 dés de 1 cm (½ po)	¼ lb
2	œufs, battus	2
375 ml	chapelure assaisonnée à l'italienne PRIMO	1½ tasse
	huile végétale PRIMO	

• Dans une casserole, amener le bouillon à ébullition. Dans une casserole à fond épais, faire fondre le beurre à feu moyen. Ajouter le riz et mélanger pour bien l'enrober.

• Verser doucement le bouillon chaud sur le riz en remuant continuellement et en s'assurant que tout le bouillon soit absorbé par le riz après chaque addition. Incorporer le parmesan. Laisser refroidir, puis ajouter le jaune d'œuf battu.

• Façonner le mélange au riz en 24 boulettes. Insérer un cube de mozzarella au milieu de chaque boulette; bien le recouvrir de riz.

• Rouler les boulettes dans l'œuf battu et les enrober de chapelure.

• Faire chauffer une bonne quantité d'huile dans une poêle profonde, à feu moyen-vif. Y faire frire les croquettes jusqu'à ce qu'elles soient dorées, environ 45 secondes de chaque côté. Bien égoutter sur du papier absorbant.

VARIANTE : farcir les boulettes de riz de cubes de jambon, de petits pois, de fromage provolone ou de foies de poulet cuits, hachés.

PRÉPARATION : 5 MINUTES
CUISSON : 20 À 25 MINUTES
DONNE 24 CROQUETTES

RATATOUILLE

Un délicieux mélange de saveurs!
Pourquoi ne pas faire cuire cette ratatouille sur le gril?

125 ml	huile d'olive PRIMO	½ tasse
50 ml	vinaigre de vin rouge PRIMO	¼ tasse
3	gousses d'ail, hachées fin	3
1	bocal de 313 ml de piments doux rôtis PRIMO, égouttés et coupés en quatre	1
125 ml	tomates séchées, dans l'huile, égouttées et concassées	½ tasse
1	tomate, coupée en dés	1
1	aubergine, coupée en tranches de 1 cm (½ po) d'épaisseur	1
2	petites courgettes, coupées en tranches de 1 cm (½ po) d'épaisseur	2
1	poivron jaune	1
1	oignon rouge, coupé en tranches de 1 cm (½ po) d'épaisseur	1
225 g	champignons, bien nettoyés sel et poivre	½ lb

● Dans un petit bol de verre, mélanger au fouet l'huile, le vinaigre et l'ail; réserver 75 ml (⅓ tasse) pour la marinade. Dans un grand bol, mélanger les piments doux rôtis, les tomates séchées et la tomate; ajouter la marinade non réservée.

● Préchauffer le gril à moyen-vif. Faire griller les tranches d'aubergine et de courgettes 5 minutes de chaque côté ou jusqu'à ce qu'elles soient dorées, en les badigeonnant souvent avec la marinade réservée. Couper les aubergines en bouchées et les ajouter au mélange aux tomates avec les tranches de courgettes.

● Faire griller le poivron jaune 5 minutes de chaque côté ou jusqu'à ce que la peau noircisse. Le mettre dans un petit bol et couvrir d'une pellicule de plastique bien serrée.

● Entre-temps, faire griller les rondelles d'oignons et les champignons 10 minutes ou jusqu'à ce qu'ils soient tendres, en les retournant de temps à autre et en les badigeonnant de marinade. Ajouter les champignons au mélange aux tomates. Hacher grossièrement les rondelles d'oignon et les ajouter au mélange aux tomates.

● Peler, épépiner, puis couper en cubes le poivron jaune; ajouter au mélange aux tomates.

● Mélanger délicatement les légumes, puis laisser refroidir à température ambiante. Saler, poivrer et servir avec du pain frais.

PRÉPARATION : 15 MINUTES
CUISSON AU GRIL : 30 MINUTES
DONNE 2 LITRES (8 TASSES)

TARTINADE AUX HARICOTS ITALIENS

50 ml	tomates séchées, dans l'huile, hachées fin	¼ tasse
25 ml	huile d'olive 100 % pure PRIMO	2 c. à s.
25 ml	jus de citron	2 c. à s.
25 ml	basilic ou persil frais, haché	2 c. à s.
2	gousses d'ail, hachées fin	2
1 ml	sel	¼ c. à t.
1	pincée de poivre	1
1	boîte de 540 ml (19 oz) de haricots blancs PRIMO, rincés et égouttés	1

● Au robot culinaire, mélanger les tomates séchées, l'huile d'olive, le jus de citron, le basilic, l'ail, le sel et le poivre.

● Ajouter les haricots blancs et mettre le robot en marche et l'arrêter dix fois de suite, ou jusqu'à ce que le mélange contienne des petits morceaux. Servir avec des pointes de pain pita croustillantes, des crostini ou d'autres sortes de pain.

PRÉPARATION : 5 MINUTES
DONNE 425 ML (1¾ TASSE)

CROUSTILLES DE PÂTES

14	lasagne PRIMO	14
	sel	
	huile végétale PRIMO	

● Faire cuire les lasagne dans de l'eau bouillante salée pendant 8 à 10 minutes, ou jusqu'à ce qu'elles soient tendres mais encore croquantes. Ne pas trop les faire cuire. Égoutter, rincer sous l'eau froide, puis égoutter de nouveau. Assécher avec du papier absorbant.

● Mélanger les lasagne avec un peu d'huile pour éviter qu'elles ne se dessèchent.

● Couper chaque lasagne dans le sens de la largeur pour former des carrés ; couper chaque carré en biais pour obtenir 2 triangles de pâte par carré.

● Dans une friteuse ou une casserole à fond épais, faire chauffer l'huile pour la friture à 180 °C (350 °F) ; vérifiez la température à l'aide d'un thermomètre de confiseur. Y faire frire les pâtes, par petites quantités, pendant 90 secondes ou jusqu'à ce qu'elles soient dorées.

● Égoutter sur du papier absorbant, saler et servir avec des trempettes et des tartinades.

PRÉPARATION : 15 MINUTES
FRITURE : 15 À 20 MINUTES
DONNE 112 CROUSTILLES

BRUSCHETTA al POMODORO

BRUSCHETTA AUX TOMATES

1	boîte de 796 ml (28 oz) de tomates PRIMO, égouttées, épépinées et concassées	1
50 ml	huile d'olive 100 % pure PRIMO	¼ tasse
1	gousse d'ail, hachée fin	1
15 ml	fromage 100 % Parmesan râpé PRIMO	1 c. à s.
25 ml	basilic frais haché ou 10 ml (2 c. à t.) basilic séché	2 c. à s.
1	baguette, coupée en tranches de 1 cm (½ po) d'épaisseur	1
	sel et poivre	

• Préchauffer le gril du four. Dans un bol, mélanger les tomates, l'huile d'olive, l'ail, le parmesan et le basilic. Saler et poivrer au goût.

• Sur une plaque allant au four, faire griller les tranches de pain à 5 cm (2 po) de l'élément supérieur pendant 45 secondes ou jusqu'à ce qu'elles soient dorées. Retourner et faire dorer l'autre côté. Sortir du four.

• Déposer une grosse cuillerée à thé de mélange aux tomates sur chaque tranche de pain grillé. Remettre au four et faire griller 30 secondes ou jusqu'à ce que la garniture soit bien chaude. Servir chaud.

CONSEIL : vous pouvez faire griller les tranches de pain à l'avance, mais garnissez-les juste avant de les servir.

VARIANTE AUX HARICOTS BLANCS : égoutter et rincer 1 boîte de 540 ml (19 oz) de haricots blancs PRIMO. Les mettre dans un bol et y incorporer 2 gousses d'ail hachées fin, 50 ml (¼ tasse) d'huile d'olive 100 % pure PRIMO, 50 ml (¼ tasse) de basilic ou de persil frais haché, 25 ml (2 c. à s.) de vinaigre de vin rouge PRIMO et 25 ml (2 c. à s.) de piments doux rôtis PRIMO hachés. Procéder comme ci-dessus pour faire griller les tranches de pain et les garnir.

PRÉPARATION : 10 MINUTES
CUISSON AU GRIL : 5 À 7 MINUTES
DONNE 32 TRANCHES

Dans un bol, mélanger les tomates, l'huile d'olive, l'ail, le parmesan et le basilic.

Faire griller les tranches de pain 45 secondes ou jusqu'à ce qu'elles soient dorées. Retourner et faire dorer l'autre côté.

Garnir les tranches de pain de la préparation aux tomates. Faire griller 30 secondes ou jusqu'à ce que ce soit bien chaud.

Trempette méditerranéenne

25 ml	huile végétale PRIMO	2 c. à s.
2	poivrons verts, hachés	2
500 ml	champignons frais tranchés	2 tasses
1	boîte de 7,5 oz de thon PRIMO, égoutté et émietté	1
1	bocal de 313 ml de piments doux rôtis PRIMO, égouttés et émincés	1
125 ml	olives mûres dénoyautées PRIMO	½ tasse
125 ml	olives farcies Manzanilla PRIMO, tranchées	½ tasse
1	boîte de 14 oz de sauce tomate PRIMO	1
125 ml	sauce chili	½ tasse
125 ml	vinaigre blanc	½ tasse
2	feuilles de laurier	2
1	pincée de cannelle moulue	1

● Dans une casserole, faire chauffer l'huile à feu moyen-vif. Ajouter les poivrons verts et les champignons et faire cuire 3 à 5 minutes, ou jusqu'à ce qu'ils soient ramollis.

● Ajouter le thon, les piments doux rôtis, les olives, la sauce tomate, la sauce chili, le vinaigre, les feuilles de laurier et la cannelle. Amener à ébullition à feu moyen-vif.

● Baisser le feu et laisser mijoter 15 à 20 minutes ou jusqu'à ce que les légumes soient tendres et que l'antipasto soit épais. Retirer les feuilles de laurier et réfrigérer. Servir avec des craquelins ou du pain. Se garde 1 semaine au réfrigérateur.

Préparation : 20 minutes
Cuisson : 20 à 25 minutes
Donne 1,5 litre (6 tasses)

SOUPES

PISTOU VÉGÉTARIEN

*Le pistou, une version française du pesto, rehausse délicieusement la saveur
de cette soupe. Traditionnellement, il ne contient pas de noix.*

15 ml	huile d'olive 100 % pure PRIMO	1 c. à s.
3	gousses d'ail, hachées finement	3
1	oignon, haché	1
1	branche de céleri, hachée	1
1	petite courgette, coupée en deux et tranchée	1
115 g	haricots verts, coupés en morceaux de 2,5 cm (1 po)	¼ lb
1	boîte de 540 ml (28 oz) de tomates PRIMO	1
1 litre	bouillon de légumes ou de poulet	4 tasses
250 ml	tubetti PRIMO	1 tasse

PISTOU :

50 ml	huile d'olive 100 % pure PRIMO	¼ tasse
125 ml	feuilles de basilic frais tassées	½ tasse
25 ml	fromage 100 % Parmesan râpé PRIMO	2 c. à s.
2	gousses d'ail, hachées finement	2

●Dans une grande casserole, à feu moyen, faire chauffer 15 ml (1 c. à s.) d'huile d'olive. Y faire revenir l'ail, l'oignon et le céleri pendant 5 minutes ou jusqu'à ce qu'ils soient tendres.

●Ajouter la courgette et les haricots verts. Ajouter les tomates et les concasser avec le dos d'une cuillère. Mouiller avec le bouillon et amener à ébullition. Ajouter les pâtes et laisser cuire pendant 8 minutes ou jusqu'à ce qu'elles soient cuites mais encore croquantes et que les légumes soient tendres.

●Entre-temps, au robot culinaire, réduire en une pâte lisse le reste de l'huile, le basilic et le parmesan. Incorporer l'ail. Garnir chaque portion de soupe de 5 ml (1 c. à t.) de pistou avant de servir.

PRÉPARATION : 15 MINUTES
CUISSON : 15 MINUTES
DONNE 6 PORTIONS

STRACCIATELLA

*Cette délicieuse soupe se prépare en un rien de temps
et est idéale pour les journées de grands froids.*

2 litres	bouillon de poulet	8 tasses
125 ml	orzo PRIMO	½ tasse
1	paquet d'épinards surgelés de 300 g, dégelés, bien égouttés et hachés finement	1
1	œuf, légèrement battu	1
50 ml	fromage 100 % Parmesan râpé PRIMO	¼ tasse

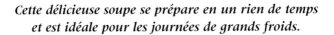

● Dans une grande casserole, amener le bouillon à ébullition à feu vif. Ajouter l'orzo; faire cuire pendant 10 minutes, ou jusqu'à ce que les pâtes soient cuites mais encore croquantes.

● Incorporer les épinards. Verser l'œuf battu dans la soupe, en remuant continuellement. Parsemer de parmesan et servir immédiatement.

PRÉPARATION : 5 MINUTES
CUISSON : 15 MINUTES
DONNE 4 PORTIONS

MINESTRONE

25 ml	huile d'olive 100 % pure PRIMO	2 c. à s.
1	gros oignon, haché	1
125 ml	*chacun* des ingrédients suivants, hachés: céleri, carotte et poivron vert	½ tasse
1	gousse d'ail, hachée finement	1
1,25 litre	bouillon de poulet	5 tasses
1	boîte de 796 ml (28 oz) de tomates PRIMO	1
2 ml	sel	½ c. à t.
2 ml	basilic séché	½ c. à t.
1 ml	thym séché	¼ c. à t.
1 ml	poivre	¼ c. à t.
1	feuille de laurier	1
250 ml	tubettini PRIMO	1 tasse
1	boîte de 540 ml (19 oz) de haricots rouges PRIMO, rincés et égouttés	1
500 ml	épinards frais, hachés grossièrement	2 tasses
25 ml	persil frais haché	2 c. à s.
	fromage 100 % Parmesan râpé PRIMO	

● Dans une grande casserole, faire chauffer l'huile d'olive à feu moyen-vif. Ajouter l'oignon, le céleri, la carotte, le poivron vert et l'ail. Faire cuire 5 minutes ou jusqu'à ce que les légumes soient tendres.

● Ajouter le bouillon, les tomates, le sel, le basilic, le thym, le poivre et la feuille de laurier. Amener à ébullition; baisser le feu et laisser mijoter, à découvert, 10 minutes.

● Monter le feu à vif et porter la soupe à ébullition. Ajouter les tubetti et faire cuire 8 à 10 minutes, ou jusqu'à ce que les pâtes soient cuites mais encore croquantes.

● Incorporer les haricots, les épinards et le persil. Parsemer de parmesan et servir immédiatement.

PRÉPARATION : 15 MINUTES
CUISSON : 25 MINUTES
DONNE 6 À 8 PORTIONS

ZUPPA TOSCANA di FAGIOLI e PASTA

SOUPE TOSCANE AUX HARICOTS ET AUX PÂTES

75 ml	huile d'olive 100 % pure PRIMO	⅓ tasse
2	carottes, coupées en dés	2
3	gousses d'ail, hachées finement	3
4	oignons, tranchés en rondelles épaisses	4
6	branches de céleri, coupées en dés	6
2 ml	sel	½ c. à t.
500 ml	chou de Milan ou chou vert, ciselé finement	2 tasses
1	boîte de 796 ml (28 oz) de tomates PRIMO	1
2 litres	bouillon de poulet	8 tasses
25 ml	basilic frais haché ou 10 ml (2 c. à t.) basilic séché	2 c. à s.
125 ml	pepe bucato PRIMO	½ tasse
1	boîte de 540 ml (19 oz) de haricots blancs PRIMO, rincés et égouttés	1
12	fines tranches de pain italien, grillées	12
75 ml	fromage 100 % Parmesan râpé PRIMO poivre fraîchement moulu	⅓ tasse

◖ Dans une grande casserole, à feu moyen, faire chauffer 25 ml (2 c. à s.) d'huile d'olive. Ajouter les carottes, l'ail, les oignons, le céleri et le sel; faire cuire 10 minutes, en remuant de temps à autre, ou jusqu'à ce que les rondelles d'oignon soient ramollies. Ajouter le chou et faire cuire, en remuant, 3 minutes ou jusqu'à ce que le chou soit tendre.

◖ Ajouter les tomates, le bouillon et le basilic; amener à ébullition. Ajouter les pâtes et faire cuire 10 minutes, ou jusqu'à ce qu'elles soient cuites mais encore croquantes. Incorporer les haricots et retirer du feu.

◖ Préchauffer le four à 200 °C (400 °F). Mettre 4 tranches de pain au fond d'une grande cocotte allant au four, arroser de 10 ml (2 c. à t.) d'huile d'olive, parsemer de 25 ml (2 c. à s.) de parmesan, poivrer et verser la moitié de la soupe. Répéter ces couches, couvrir avec le reste des tranches de pain, l'huile d'olive et le parmesan. Faire cuire au four 10 minutes ou jusqu'à ce que le fromage soit doré. Assaisonner de poivre fraîchement moulu et servir.

CONSEIL: utilisez une jolie cocotte allant au four pour préparer cette soupe et servez-la dans le plat de cuisson. Il est possible de remplacer le chou par des épinards.

PRÉPARATION : 20 MINUTES
CUISSON : 25 MINUTES
CUISSON AU FOUR : 10 MINUTES
DONNE 8 À 10 PORTIONS

Dans une grande caserole, faire chauffer l'huile. Ajouter les légumes et le sel; faire cuire à feu moyen jusqu'à ce que les oignons soient tendres.

Amener à ébullition les tomates, le bouillon et le basilic. Ajouter les pâtes et faire cuire jusqu'à ce qu'elles soient tendres mais encore croquantes.

Dans une cocotte allant au four, disposer par couches le pain grillé et la soupe. Couvrir de pain grillé, d'huile d'olive et de parmesan.

SOUPE AU POULET ET AU RIZ

15 ml	huile végétale PRIMO	1 c. à s.
1	oignon, haché	1
250 ml	carottes hachées	1 tasse
175 ml	céleri haché	¾ tasse
250 ml	riz italien PRIMO	1 tasse
1	boîte de 796 ml (28 oz) de tomates PRIMO	1
1½ litre	bouillon de poulet	6 tasses
5 ml	sauce Worcestershire	1 c. à t.
2 ml	sel	½ c. à t.
2 ml	sauce aux piments forts	½ c. à t.
1 ml	*chacune* des fines herbes séchées suivantes: basilic, origan, thym	¼ c. à t.
1	poitrine de poulet entière, coupée en dés de 1 cm (¼ po)	1

● Dans une grande casserole, faire chauffer l'huile à feu moyen. Ajouter l'oignon, les carottes et le céleri; faire cuire 5 minutes ou jusqu'à ce que l'oignon soit ramolli. Ajouter le riz; remuer pour bien enrober.

● Ajouter les tomates, le bouillon, la sauce Worcestershire, le sel, la sauce aux piments, le basilic, l'origan et le thym. Porter à ébullition à feu moyen-vif.

● Baisser le feu à moyen-doux; laisser mijoter à découvert 20 minutes ou jusqu'à ce que les carottes soient tendres et le riz, cuit. Incorporer le poulet; faire cuire 2 minutes, ou jusqu'à ce que le poulet soit bien cuit.

PRÉPARATION : 15 MINUTES
CUISSON : 30 MINUTES
DONNE 8 À 10 PORTIONS

SOUPE AU POULET ET AUX NOUILLES

*Cette soupe réconfortante se prépare en un rien de temps
et peut être servie aussi comme soupe-repas.*

15 ml	huile végétale PRIMO	1 c. à s.
2	oignons verts, hachés	2
1	carotte, hachée	1
1	branche de céleri, hachée	1
1	poitrine de poulet désossée, coupée en dés de 1 cm (½ po)	1
1½ litre	bouillon de poulet	6 tasses
375 ml	nouilles aux œufs moyennes PRIMO	1½ tasse
250 ml	petits pois surgelés	1 tasse
50 ml	persil frais haché	¼ tasse

• Dans une grande casserole, faire chauffer l'huile à feu moyen. Y faire cuire les oignons verts, la carotte et le céleri 5 minutes, ou jusqu'à ce qu'ils soient légèrement ramollis. Ajouter le poulet et poursuivre la cuisson 2 minutes, en remuant continuellement.

• Mouiller avec le bouillon de poulet; porter à ébullition et ajouter les pâtes. Faire cuire 5 à 7 minutes, ou jusqu'à ce que les légumes soient tendres et les pâtes encore légèrement croquantes. Incorporer les petits pois et le persil; bien faire réchauffer. Saler et poivrer au goût, puis servir.

PRÉPARATION : 15 MINUTES
CUISSON : 15 MINUTES
DONNE 6 PORTIONS

SOUPE AUX HARICOTS NOIRS

25 ml	huile végétale PRIMO	2 c. à s.
2	gousses d'ail, hachées fin	2
1	oignon, épluché et haché	1
1	carotte, pelée et hachée	1
1	branche de céleri, hachée	1
1	feuille de laurier	1
2 ml	*chacun* des aromates suivants: thym et origan séchés, cumin moulu	½ c. à t.
1 ml	sel	¼ c. à t.
1 ml	poivre	¼ c. à t.
750 ml	bouillon de poulet	3 tasses
2	boîtes de 540 ml (19 oz) de haricots noirs PRIMO, rincés et égouttés	2
1	boîte de 398 ml (14 oz) de sauce tomate PRIMO	1
1 ml	sauce aux piments forts	¼ c. à t.
10 ml	jus de lime	2 c. à t.
10 ml	cassonade	2 c. à t.
	crème sure et persil frais haché ou coriandre	

• Dans une grande casserole, faire chauffer l'huile à feu moyen. Y faire revenir l'oignon, la carotte et le céleri 3 minutes, ou jusqu'à ce que l'oignon soit ramolli.

• Ajouter le laurier, le thym, l'origan, le cumin, le sel et le poivre; faire cuire 30 secondes en remuant continuellement. Incorporer le bouillon et porter à ébullition.

• Baisser le feu à doux, couvrir et faire cuire 20 minutes, ou jusqu'à ce que les légumes soient tendres. Retirer et jeter la feuille de laurier. Incorporer les haricots noirs, la sauce tomate, la sauce aux piments, le jus de lime et la cassonade.

• Faire refroidir la soupe, puis la réduire en purée au mélangeur. La verser dans une casserole et bien la faire réchauffer. Servir dans des bols réchauffés et garnir chaque portion de crème sure et de persil.

PRÉPARATION : 20 MINUTES
CUISSON : 45 MINUTES
DONNE 8 PORTIONS

ZUPPA di ZUCCA all'AMARETTO

SOUPE À LA COURGE ET À L'AMARETTO

Cette soupe raffinée vous donnera une entrée très originale.

15 ml	huile végétale **PRIMO**	1 c. à s.
1	petite courge potiron, pelée, épépinée et coupée en dés	1
1	oignon, épluché et haché	1
1	pomme de terre, épluchée et hachée	1
750 ml	lait	3 tasses
25 ml	amaretto (facultatif)	2 c. à s.
1	pincée de muscade sel et poivre	1
2	biscuits «S» **PRIMO**, écrasés	2

→ Dans une casserole à fond épais, faire chauffer l'huile à feu moyen. Y faire revenir la courge, l'oignon et la pomme de terre 5 minutes ou jusqu'à ce que l'oignon soit ramolli.

→ Incorporer 375 ml (1½ tasse) de lait, porter à ébullition et laisser mijoter 7 à 10 minutes ou jusqu'à ce que les légumes soient tendres.

→ Faire refroidir la soupe, la réduire en purée au mélangeur, puis la verser de nouveau dans la casserole. Incorporer le reste du lait, l'amaretto et la muscade. Saler et poivrer au goût.

→ Faire réchauffer la soupe à feu doux, sans la laisser bouillir. Parsemer les portions de biscuits S écrasés et servir.

PRÉPARATION : 10 MINUTES
CUISSON : 20 MINUTES
DONNE 6 PORTIONS

ZUPPA di COZZE

SOUPE AUX MOULES

900 g	moules ou petites palourdes	2 lb
125 ml	vin blanc	½ tasse
4	tranches de pain français	4
4	gousses d'ail, hachées fin	4
25 ml	huile d'olive 100 % pure PRIMO	2 c. à s.
1	oignon moyen, haché	1
5 ml	basilic séché	1 c. à t.
15 ml	pâte de tomate PRIMO	1 c. à s.
375 ml	bouillon de poulet	1½ tasse
1	boîte de 796 ml (28 oz) de tomates PRIMO	1
25 ml	persil haché	2 c. à s.
	sel et poivre au goût	

• Gratter et ébarber les moules. Jeter celles dont la coquille est fendue ou brisée.

• Dans une casserole à fond épais, porter le vin à ébullition à feu vif. Ajouter les moules et couvrir. Faire cuire 90 secondes ou jusqu'à ce que les coquilles soient ouvertes. Jeter celles qui sont restées fermées.

• Retirer les moules avec une écumoire. Filtrer le liquide de cuisson à travers une passoire tapissée d'une mousseline ; réserver. Faire griller les tranches de pain et les frotter avec la moitié de l'ail haché ; réserver.

• Dans une casserole, faire chauffer l'huile à feu moyen ; ajouter l'oignon, le reste d'ail et le basilic ; faire cuire 3 minutes ou jusqu'à ce que l'oignon soit ramolli.

• Incorporer la pâte de tomate et le liquide de cuisson des moules réservé ; monter le feu à moyen-vif et faire cuire 2 minutes ou jusqu'à ce que le liquide soit réduit de moitié. Ajouter le bouillon et les tomates ; concasser les tomates avec le dos d'une cuillère en bois. Faire mijoter à feu moyen-vif. Saler et poivrer au goût.

• Remettre les moules dans la casserole et bien les faire réchauffer. Mettre une tranche de pain grillée dans chaque assiette à soupe, y verser la soupe, garnir de persil et servir immédiatement.

CONSEIL : vous pouvez remplacer les moules par de petites palourdes.

PRÉPARATION : 15 MINUTES
CUISSON : 15 MINUTES
DONNE 6 PORTIONS

Gratter et ébarber les moules. Jeter celles dont la coquille est brisée ou fendue.

Porter le vin à ébullition à feu vif. Ajouter les moules et couvrir. Faire cuire 90 secondes ou jusqu'à ce que le coquilles soient ouvertes.

Retirer les moules et filtrer le bouillon à travers une passoire tapissée d'une mousseline.

Ajouter le bouillon et les tomates; concasser les tomates avec le dos d'une cuillère en bois. Faire mijoter à feu moyen-vif.

Mettre une tranche de pain grillée dans chaque assiette à soupe, y verser la soupe et garnir de persil.

PASTA e FAGIOLI

SOUPE AUX PÂTES ET AUX HARICOTS

25 ml	huile d'olive 100 % pure **PRIMO**	2 c. à s.
3	tranches de bacon, hachées	3
250 ml	carottes hachées	1 tasse
250 ml	céleri haché	1 tasse
1	oignon, haché	1
3	gousses d'ail, hachées fin	3
1½ litre	bouillon de poulet	6 tasses
1	boîte de 540 ml (19 oz) de haricots romains **PRIMO**, rincés et égouttés	1
1	boîte de 540 ml (19 oz) de haricots blancs **PRIMO**, rincés, égouttés et réduits en purée au presse-légumes	1
375 ml	ditali **PRIMO**	1½ tasse
	sel et poivre au goût	

• Dans une grande casserole, faire chauffer l'huile d'olive à feu moyen-vif. Ajouter le bacon, les carottes, le céleri, l'oignon et l'ail; faire cuire 7 à 10 minutes ou jusqu'à ce que les légumes soient légèrement dorés, en remuant souvent.

• Incorporer le bouillon, les haricots romains et les haricots en purée. Porter à ébullition à feu vif; ajouter les pâtes et faire cuire environ 8 minutes, ou jusqu'à ce que les pâtes soient fermes mais encore croquantes. Saler et poivrer au goût.

CONSEIL: il est possible d'utiliser des petites pâtes comme les ditali, tubetti, tubettini, petites coquilles, etc. Remplacez le bacon par de la pancetta pour obtenir un goût fumé plus prononcé.

PRÉPARATION : 15 MINUTES
CUISSON : 20 MINUTES
DONNE 6 PORTIONS

SALADES

INSALATA di FAGIOLI con TONNO

SALADE DE HARICOTS AU THON

2	boîtes de 198 g (7 oz) chacune de thon entier à chair pâle PRIMO, égoutté et en morceaux	2
2	boîtes de 540 ml (19 oz) chacune de haricots romains PRIMO, rincés et égouttés	2
250 ml	oignon rouge émincé	1 tasse
3	tomates italiennes, coupées en quartiers	3
250 ml	olives noires moyennes dénoyautées PRIMO, tranchées	1 tasse
50 ml	jus de citron	¼ tasse
50 ml	sauge fraîche hachée finement	¼ tasse
50 ml	persil frais haché finement	¼ tasse
25 ml	huile d'olive 100 % pure PRIMO	2 c. à s.

• Dans un grand bol, mélanger le thon, les haricots, l'oignon, les tomates et les olives.

• Dans un autre bol, mélanger au fouet le jus de citron, la sauge, le persil et l'huile. Incorporer au premier mélange jusqu'à ce que tous les ingrédients soient bien enrobés et servir.

PRÉPARATION : 15 MINUTES
DONNE 8 PORTIONS

SALADE AUX PÂTES, AUX TOMATES, AU BASILIC ET AU FROMAGE DE CHÈVRE

6	tomates italiennes, coupées en quartiers	6
150 ml	huile d'olive 100 % pure PRIMO	⅔ tasse
150 ml	basilic haché finement	⅔ tasse
300 ml	fromage de chèvre émietté (environ 150 g/⅓ lb)	1¼ tasse
3	gousses d'ail, hachées finement	3
2 ml	sel	½ c. à t.
2 ml	poivre	½ c. à t.
450 g	penne rigate PRIMO	1 lb
325 ml	fromage asiago râpé grossièrement	1⅓ tasse

• Dans un grand bol, mélanger les tomates, l'huile d'olive, le basilic, le fromage de chèvre, l'ail, le sel et le poivre. Laisser mariner pendant 2 heures à température ambiante, ou toute la nuit au réfrigérateur.

• Dans une grande casserole remplie d'eau bouillante salée, faire cuire les pâtes 11 minutes, ou jusqu'à ce qu'elles soient tendres mais encore croquantes. Bien les égoutter.

• Mélanger les pâtes chaudes avec les tomates marinées et le fromage asiago. Servir chaud ou à température ambiante.

PRÉPARATION : 15 MINUTES
MARINADE : 2 HEURES, OU TOUTE LA NUIT
CUISSON : 11 MINUTES
DONNE 6 PORTIONS

SALADE DE PÂTES, CREVETTES ET LÉGUMES À LA THAÏLANDAISE

SAUCE :

75 ml	vinaigre de vin de riz	⅓ tasse
50 ml	huile végétale **PRIMO**	¼ tasse
50 ml	bouillon de poulet	¼ tasse
45 ml	sauce soya	3 c. à s.
25 ml	beurre d'arachide	2 c. à s.
15 ml	gingembre frais, haché finement	1 c. à s.
7 ml	jus de lime	1½ c. à t.
5 ml	huile de sésame	1 c. à t.
5 ml	pâte de piments orientale	1 c. à t.

SALADE :

20	pois mange-tout	20
1	poivron rouge, tranché	1
4	oignons verts, hachés	4
125 ml	châtaignes d'eau, tranchées	½ tasse
12	épis de maïs miniatures, coupés en morceaux de 2,5 cm (1 po)	12
225 g	crevettes cuites	½ lb
375 g	spaghettini **PRIMO**	¾ lb

● Au robot culinaire, réduire en une préparation lisse le vinaigre, l'huile, le bouillon, la sauce soya, le beurre d'arachide, le gingembre, le jus de lime, l'huile de sésame et la pâte de piments ; réserver.

● Dans une grande casserole remplie d'eau bouillante salée, faire blanchir les pois mange-tout pendant 60 secondes, ou jusqu'à ce qu'ils soient tendres mais encore croquants. Les retirer de la casserole avec une écumoire, les passer sous l'eau froide, les égoutter et réserver.

● Dans la même casserole d'eau bouillante salée, faire cuire les pâtes pendant 7 minutes, ou jusqu'à ce qu'elles soient tendres mais encore croquantes. Les égoutter, les rincer légèrement, les égoutter de nouveau et les mettre dans un grand bol. Ajouter les pois gourmands, le poivron, les oignons verts, les châtaignes d'eau, les épis de maïs et les crevettes. Ajouter la sauce et mélanger pour bien enrober.

PRÉPARATION : 20 MINUTES
CUISSON : 10 MINUTES
DONNE 4 PORTIONS

SALADE DES ÎLES GRECQUES

250 ml	tomates cerises coupées en deux	1 tasse
125 ml	*chacun* des ingrédients suivants: concombre anglais haché, olives moyennes mûres dénoyautées PRIMO, tranchées, et fromage feta émietté	½ tasse
50 ml	oignon rouge, haché	¼ tasse
50 ml	oignons verts, hachés	¼ tasse
25 ml	jus de citron	2 c. à s.
25 ml	vinaigre de vin rouge PRIMO	2 c. à s.
1	gousse d'ail, hachée finement	1
75 ml	huile d'olive 100 % pure PRIMO	⅓ tasse
1 ml	*chacun* des ingrédients suivants: origan séché, sel, poivre	¼ c. à t.
500 ml	petites coquilles PRIMO	2 tasses
15 ml	persil frais haché	1 c. à s.

● Dans un grand bol, mélanger les tomates cerises, le concombre, les olives, le fromage feta et les oignons rouge et verts. Dans un autre bol, fouetter ensemble le jus de citron, le vinaigre, l'ail, l'huile, l'origan, le sel et le poivre.

● Entre-temps, dans une grande casserole remplie d'eau bouillante salée, faire cuire les pâtes environ 9 minutes, ou jusqu'à ce qu'elles soient tendres mais encore croquantes. Les égoutter, les rincer légèrement, les égoutter de nouveau et les ajouter aux légumes.

● Arroser de sauce, mélanger, garnir de persil et servir.

PRÉPARATION : 15 MINUTES
CUISSON : 8 À 10 MINUTES
DONNE 4 PORTIONS

SALADE DE PÂTES ET LÉGUMES

75 ml	huile d'olive 100 % pure **PRIMO**	⅓ tasse
10 ml	sel	2 c. à t.
5 ml	poivre	1 c. à t.
1	grosse aubergine, en tranches de 1 cm (½ po) d'épaisseur	1
2	courgettes, en tranches de 1 cm (½ po) d'épaisseur	2
1	gros oignon rouge, en tranches de 1 cm (½ po) d'épaisseur	1
750 ml	penne rigate **PRIMO**	3 tasses
1	gousse d'ail, hachée	1
75 ml	vinaigre de vin rouge **PRIMO**	⅓ tasse
10 ml	moutarde forte	2 c. à t.
50 ml	persil frais haché	¼ tasse
50 ml	oignons verts hachés	¼ tasse
1	bocal de 313 ml de piments doux rôtis **PRIMO**, égouttés et coupés en lanières	1

• Dans un grand bol, mélanger 25 ml (2 c. à s.) d'huile d'olive, 2 ml (½ c. à t.) de sel et 2 ml (½ c. à t.) de poivre. Ajouter les légumes tranchés; bien mélanger.

• Faire griller les légumes à feu moyen-vif, ou au four à gril 5 minutes de chaque côté, ou jusqu'à ce qu'ils soient dorés. Les couper en bouchées.

• Dans une grande casserole remplie d'eau bouillante salée, faire cuire les pâtes pendant 8 à 10 minutes, ou jusqu'à ce qu'elles soient tendres mais encore croquantes. Les égoutter, les passer rapidement sous l'eau froide et les égoutter de nouveau.

• Au fouet, mélanger le reste de l'huile d'olive, du sel et du poivre avec l'ail, le vinaigre, la moutarde, le persil et les oignons verts. Dans un grand bol, mélanger les pâtes, les légumes grillés, les piments doux rôtis et la sauce.

PRÉPARATION : 10 MINUTES
CUISSON : 20 MINUTES
DONNE 6 PORTIONS

SALADE CÉSAR AUX PÂTES ET SAUCE À L'AIL GRILLÉ

L'ail grillé donne une saveur douce et subtile à ce plat.

1	tête d'ail (environ 12 gousses)	1
75 ml	huile d'olive 100 % pure PRIMO	⅓ tasse
50 ml	bouillon de poulet	¼ tasse
25 ml	jus de citron	2 c. à s.
5 ml	moutarde forte	1 c. à t.
5 ml	pâte d'anchois	1 c. à t.
1 trait	sauce aux piments	1 trait
1 litre	pâtes scoobi-doo PRIMO	4 tasses
6	tranches de bacon, cuites et émiettées	6
1	petite romaine, ciselée grossièrement	1
50 ml	fromage 100 % Parmesan râpé PRIMO	¼ tasse

● Préchauffer le four à 150 °C (350 °F). Couper le haut de la tête d'ail. Mettre la tête d'ail au milieu d'un carré de papier d'aluminium, l'arroser de 15 ml (1 c. à s.) d'huile d'olive et la faire cuire au four pendant 1 heure, ou jusqu'à ce que l'ail soit bien tendre.

● Entre-temps, mélanger au fouet le reste de l'huile, le bouillon, le jus de citron, la moutarde, la pâte d'anchois et la sauce aux piments ; réserver.

● Presser les gousses d'ail ramollies pour les éplucher. Les mettre dans un petit bol, les écraser à la fourchette et les ajouter à la sauce en fouettant.

● Dans une grande casserole remplie d'eau bouillante salée, faire cuire les pâtes pendant 8 à 10 minutes, ou jusqu'à ce qu'elles soient tendres mais encore croquantes. Les égoutter, les passer rapidement sous l'eau froide et les égoutter de nouveau.

● Dans un grand bol, bien mélanger les pâtes, le bacon, la laitue et le fromage ; arroser de sauce et remuer pour bien enrober.

PRÉPARATION : 20 MINUTES
CUISSON : 10 MINUTES
CUISSON AU FOUR : 1 HEURE
DONNE 6 PORTIONS

Mettre la tête d'ail préparée au milieu d'une feuille de papier d'aluminium, l'arroser d'huile d'olive et la faire cuire au four pendant 1 heure.

Écraser la tête d'ail et l'ajouter à la sauce en fouettant.

Dans un grand bol, mélanger les pâtes, le bacon, la romaine et le fromage. Arroser de sauce et mélanger pour bien enrober.

Salade de pennine aux asperges avec pesto au persil

Dans la préparation du pesto,
le persil italien frais peut délicieusement remplacer le basilic frais.

Pesto :

250 ml	persil italien frais, bien tassé	1 tasse
125 ml	huile d'olive 100 % pure PRIMO	½ tasse
50 ml	fromage 100 % Parmesan râpé PRIMO	¼ tasse
25 ml	pignons grillés	2 c. à s.
2	gousses d'ail, hachées finement	2

Salade :

450 g	asperges, coupées en morceaux de 5 cm (2 po)	1 lb
750 ml	pennine lisse PRIMO	3 tasses
1	poivron rouge, coupé en fines lanières	1
125 ml	tomates séchées dans l'huile, égouttées et coupées en fines lanières	½ tasse
2	poitrines de poulet désossées, grillées et tranchées (facultatif)	2

● Au robot culinaire, bien mélanger le persil, l'huile d'olive, le fromage et les pignons. Incorporer l'ail et réserver.

● Dans une grande casserole remplie d'eau bouillante salée, faire cuire les asperges de 2 à 3 minutes, ou jusqu'à ce qu'elles soient tendres mais encore croquantes. Les retirer avec une écumoire et les passer sous l'eau froide. Égoutter et réserver.

● Dans la même casserole d'eau bouillante, faire cuire les pennine lisse pendant 8 à 10 minutes, ou jusqu'à ce qu'elles soient tendres mais encore croquantes. Les égoutter, les passer sous l'eau froide et les égoutter de nouveau.

● Dans un grand bol, mélanger les pâtes avec les asperges, le poivron rouge, les tomates séchées et le poulet. Incorporer délicatement le pesto et servir.

Conseil : le pesto de cette salade peut se préparer 2 jours à l'avance. Le mélanger aux ingrédients de la salade juste avant de servir.

Préparation : 15 minutes
Cuisson : 15 minutes
Donne 6 portions

SALADE DE PÂTES ET DE POULET AU CURRY

SALADE :

3	poitrines de poulet désossées	3
750 ml	boucles PRIMO	3 tasses
3	oignons verts, hachés	3
2	carottes, pelées et tranchées	2
75 ml	raisins secs	⅓ tasse
125 ml	noix de cajou ou amandes grillées	½ tasse

SAUCE :

175 ml	yogourt nature	¾ tasse
125 ml	mayonnaise légère	½ tasse
10 ml	poudre de curry	2 c. à t.
5 ml	miel liquide	1 c. à t.
3 ml	sel	¾ c. à t.
2 ml	poivre	½ c. à t.
1 ml	moutarde en poudre	¼ c. à t.

● Faire griller les poitrines de poulet à feu moyen-vif 7 minutes de chaque côté, ou jusqu'à ce qu'elles soient bien cuites. Les retirer et les couper en cubes.

● Dans une grande casserole remplie d'eau bouillante salée, faire cuire les pâtes de 6 à 8 minutes ou jusqu'à ce qu'elles soient al dente. Les égoutter, les passer rapidement sous l'eau froide, bien les égoutter.

● Les mettre dans un grand bol avec le poulet, les oignons, les carottes et les raisins.

● Dans un autre bol, mélanger au fouet tous les ingrédients de la sauce. Verser sur la préparation aux pâtes et bien mélanger. Incorporer les noix et servir.

PRÉPARATION : 20 MINUTES
CUISSON : 20 MINUTES
DONNE 6 À 8 PORTIONS

SALADE DE RIZ SAUVAGE, D'ORZO ET DE LENTILLES AU CURRY

SALADE :

250 ml	riz sauvage, rincé et égoutté	1 tasse
250 ml	orzo PRIMO	1 tasse
1	boîte de 540 ml (19 oz) de lentilles PRIMO, rincées et égouttées	1
2	branches de céleri, tranchées	2
75 ml	raisins de Corinthe	⅓ tasse
125 ml	amandes, grillées et hachées grossièrement	½ tasse

VINAIGRETTE :

25 ml	vinaigre de vin blanc	2 c. à s.
25 ml	vinaigre de cidre	2 c. à s.
15 ml	poudre de curry	1 c. à s.
10 ml	sucre	2 c. à t.
2 ml	sel	½ c. à t.
1 ml	*chacun* des ingrédients suivants : curcuma, coriandre en poudre et cumin en poudre	¼ c. à t.
1	pincée de poivre de Cayenne	1
50 ml	huile végétale PRIMO	¼ tasse

● Dans une grande casserole, porter à ébullition 1,5 litre (6 tasses) d'eau. Ajouter le riz sauvage, porter à ébullition. Baisser le feu, couvrir et faire cuire pendant 40 à 45 minutes, ou jusqu'à ce que le riz soit tendre mais encore ferme. Égoutter, passer rapidement sous l'eau froide et égoutter de nouveau.

● Entre-temps, dans une casserole remplie d'eau bouillante salée, faire cuire les pâtes pendant 10 minutes, ou jusqu'à ce qu'elles soient tendres mais encore croquantes. Les égoutter, les passer rapidement sous l'eau froide et les égoutter de nouveau.

● Dans un grand bol, mélanger le riz, les pâtes, les lentilles, le céleri et les raisins; réserver.

● Dans un autre bol, mélanger au fouet les vinaigres de vin blanc et de cidre, la poudre de curry, le sucre, le sel, le curcuma, la coriandre, le cumin et le poivre de Cayenne. Au fouet, incorporer graduellement l'huile.

● Verser sur la salade et mélanger légèrement. Incorporer les amandes.

PRÉPARATION : 15 MINUTES
CUISSON : 45 MINUTES
DONNE 6 PORTIONS

SALADE DE PÂTES NIÇOISE

SALADE :

4	pommes de terre	4
225 g	haricots verts, parés	½ lb
750 ml	rotini PRIMO	3 tasses
1	grosse tomate, coupée en minces quartiers	1
1	petit oignon rouge, émincé	1
250 ml	olives noires dénoyautées PRIMO, coupées en deux	1 tasse
1	boîte de 198 ml (7 oz) de thon entier à chair pâle PRIMO, défait en gros morceaux	1
2	œufs durs, chacun coupés en 4	2

VINAIGRETTE :

50 ml	basilic frais haché	¼ tasse
50 ml	vinaigre de vin rouge PRIMO	¼ tasse
2	gousses d'ail, hachées finement	2
15 ml	moutarde forte	1 c. à s.
2 ml	de sel	½ c. à t.
1 ml	poivre	¼ c. à t.
125 ml	huile d'olive 100 % pure PRIMO	½ tasse

● Dans une casserole remplie d'eau bouillante salée, faire cuire les pommes de terre pendant 20 minutes ou jusqu'à ce qu'elles soient tendres. Les retirer avec une écumoire et les couper en cubes. Faire cuire les haricots verts dans la même eau, pendant 2 à 3 minutes, ou jusqu'à ce qu'ils soient tendres mais encore croquants. Les égoutter, les passer sous l'eau froide et les égoutter de nouveau.

● Entre-temps, dans une grande casserole remplie d'eau bouillante salée, faire cuire les rotini pendant 8 minutes, ou jusqu'à ce qu'ils soient tendres mais encore croquants. Les égoutter, les passer rapidement sous l'eau froide et les égoutter de nouveau.

● Dans un grand bol, mélanger les pommes de terre, les haricots verts, les rotini, la tomate, l'oignon, les olives et le thon. Dans un petit bol, mélanger au fouet le basilic, le vinaigre, l'ail, la moutarde, le sel et le poivre. Incorporer lentement l'huile.

● Verser la vinaigrette sur la salade et mélanger doucement pour bien enrober tous les ingrédients. Garnir de quartiers d'œufs durs et servir.

CONSEIL : pour faire cuire les œufs, mettez-les dans une petite casserole et couvrez-les d'eau froide. Amenez l'eau à ébullition, puis retirez la casserole du feu et laissez reposer, à couvert, pendant 18 minutes.

PRÉPARATION : 25 MINUTES
CUISSON : 35 MINUTES
DONNE 8 PORTIONS

SALADE DE PENNE AUX DEUX FROMAGES

500 ml	bouquets de brocoli	2 tasses
1 litre	penne rigate PRIMO	4 tasses
125 ml	fromage gouda, en dés	½ tasse
125 ml	fromage colby, en dés	½ tasse
½	poivron rouge, haché	½
125 ml	oignon rouge émincé	½ tasse
125 ml	olives noires moyennes dénoyautées PRIMO, émincées	½ tasse
75 ml	vinaigrette italienne	⅓ tasse

● Dans une grande casserole remplie d'eau bouillante salée, faire cuire le brocoli pendant 2 à 3 minutes, ou jusqu'à ce qu'il soit tendre mais encore croquant. Le retirer avec une écumoire, le passer sous l'eau froide, l'égoutter de nouveau et le mettre dans un grand bol.

● Dans la même eau bouillante salée, faire cuire les pâtes 8 à 10 minutes, ou jusqu'à ce qu'elles soient tendres mais encore croquantes. Les égoutter et les ajouter au brocoli.

● Incorporer les fromages gouda et colby, le poivron rouge, l'oignon et les olives. Arroser de vinaigrette, mélanger pour bien enrober et servir immédiatement.

PRÉPARATION : 15 MINUTES
CUISSON : 10 À 15 MINUTES
DONNE 6 PORTIONS

SALADE WALDORF AUX PÂTES ET À LA DINDE

Une excellente façon d'utiliser les restes de dinde pendant le temps des Fêtes.

750 ml	bocconcini PRIMO	3 tasses
500 ml	dinde cuite, en dés	2 tasses
2	branches de céleri, coupées en biais	2
2	pommes rouges, évidées et coupées en dés	2
175 ml	mayonnaise légère	¾ tasse
50 ml	yogourt nature léger	¼ tasse
5 ml	moutarde forte	1 c. à t.
1	pincée de sel	1
1	pincée de poivre	1
125 ml	noix de Grenoble en morceaux, grillées	½ tasse
50 ml	persil frais haché	¼ tasse

● Dans une grande casserole d'eau bouillante salée, faire cuire les pâtes pendant 8 à 10 minutes. Les égoutter, les rincer légèrement, les égoutter de nouveau et réserver.

● Entre-temps, dans un grand bol, bien mélanger la dinde, le céleri, les pommes, la mayonnaise, le yogourt, la moutarde, le sel et le poivre.

● Incorporer les pâtes, les noix et le persil; servir immédiatement.

CONSEIL: utilisez uniquement de la mayonnaise dans cette salade. Les autres sauces à salade ont un goût trop prononcé.

PRÉPARATION : 15 MINUTES
CUISSON : 15 MINUTES
DONNE 6 À 8 PORTIONS

SALADE TRICOLORE

SAUCE :

125 ml	crème sure légère	½ tasse
125 ml	mayonnaise légère	½ tasse
45 ml	moutarde forte	3 c. à s.
15 ml	sucre	1 c. à s.
15 ml	jus de citron	1 c. à s.
1	gousse d'ail, hachée finement	1
2 ml	sel	½ c. à t.
2 ml	poivre	½ c. à t.

SALADE :

500 ml	bouquets de brocoli	2 tasses
500 ml	bouquets de chou-fleur	2 tasses
1	paquet de 375 g de fusilletti tricolores PRIMO	1
3	oignons verts, hachés	3
1	petit poivron rouge, haché	1
1	carotte, hachée	1
50 ml	persil frais haché	¼ tasse

• Dans un petit bol, fouetter la crème sure, la mayonnaise, la moutarde, le sucre, le jus de citron, l'ail, le sel et le poivre ; réserver.

• Dans une grande casserole remplie d'eau bouillante salée, faire cuire le brocoli et le chou-fleur pendant 2 à 3 minutes, ou jusqu'à ce qu'ils soient al dente. Les retirer avec une écumoire, les passer sous l'eau froide, les égoutter et réserver.

• Dans la même eau bouillante, faire cuire les fusilletti de 5 à 6 minutes, ou jusqu'à ce qu'ils soient tendres mais encore croquants. Les égoutter, les passer sous l'eau froide, les égoutter de nouveau.

• Dans un grand bol, mélanger tous les ingrédients de la salade. Ajouter la sauce et bien mélanger.

PRÉPARATION : 20 MINUTES
CUISSON : 10 MINUTES
DONNE 8 PORTIONS

BŒUF, PORC ET VOLAILLE

BOCCONCINI, POULET GRILLÉ, TOMATES SÉCHÉES ET CHAMPIGNONS

*Ce plat, idéal pour l'été,
accompagne particulièrement bien le poulet grillé.*

450 g	poitrines de poulet désossées	1 lb
1 ml	sel	¼ c. à t.
1 ml	poivre	¼ c. à t.
1	pincée de poivre de Cayenne	1
125 ml	tomates séchées dans l'huile, coupées en tranches fines (conserver 15 ml/ 1 c. à s. d'huile)	½ tasse
125 g	champignons frais	4 oz
125 g	champignons shiitake	4 oz
2	gousses d'ail, hachées finement	2
2	oignons verts, hachés	2
1 litre	bocconcini PRIMO	4 tasses
15 ml	persil frais haché	1 c. à s.

• Dégraisser les poitrines de poulet. Bien les saler et les poivrer, puis saupoudrer un des côtés de poivre de Cayenne.

• Faire cuire sur le gril à feu moyen-vif, 4 à 5 minutes de chaque côté ou jusqu'à ce qu'un jus clair s'en écoule. Retirer du feu et laisser reposer 10 minutes. Trancher et réserver.

• Dans une poêle, à feu moyen-vif, faire chauffer l'huile réservée des tomates séchées. Y faire cuire les champignons frais et shiitake et l'ail pendant 5 minutes, ou jusqu'à ce qu'ils soient légèrement dorés.

• Incorporer le poulet, les tomates séchées, et les oignons verts; poursuivre la cuisson 2 minutes.

• Entre-temps, dans une grande casserole remplie d'eau bouillante salée, faire cuire les pâtes 8 à 10 minutes, ou jusqu'à ce qu'elles soient tendres mais encore croquantes. Les égoutter et les incorporer immédiatement au mélange au poulet avec le persil. Servir aussitôt.

PRÉPARATION : 15 MINUTES
CUISSON : 25 MINUTES
DONNE 4 PORTIONS

BŒUF STROGANOV

450 g	biffteck de surlonge désossé	1 lb
15 ml	huile végétale PRIMO	1 c. à s.
25 ml	beurre	2 c. à s.
375 ml	champignons tranchés	1½ tasse
1	oignon, haché	1
25 ml	farine	2 c. à s.
375 ml	bouillon de bœuf	1½ tasse
2 ml	sauce Worcestershire	½ c. à t.
1	paquet de 375 g de nouilles aux œufs moyennes PRIMO	1
125 ml	crème sure légère	½ tasse

● Couper le bifteck en lanières de 5 mm (¼ po) d'épaisseur. Dans une poêle, à feu moyen-vif, faire chauffer l'huile et 15 ml (1 c. à s.) de beurre. Y faire revenir le bifteck pendant 1 minute ou jusqu'à ce qu'il soit doré, en remuant constamment. Retirer le bifteck de la poêle.

● Faire fondre le reste du beurre dans la poêle et baisser le feu à moyen. Y faire cuire les champignons et l'oignon 3 minutes ou jusqu'à ce qu'ils soient ramollis, en remuant de temps en temps. Ajouter la farine et faire cuire 1 minute, en remuant.

● Sans cesser de remuer, ajouter graduellement le bouillon et la sauce Worcestershire; poursuivre la cuisson 3 minutes, ou jusqu'à ce que le mélange commence à mijoter. Laisser cuire à feu doux 10 minutes.

● Entre-temps, dans une casserole remplie d'eau bouillante salée, faire cuire les pâtes 8 à 10 minutes, ou jusqu'à ce qu'elles soient al dente; les égoutter.

● Faire réchauffer le bifteck dans la sauce aux champignons, environ 2 minutes. Retirer du feu et incorporer la crème sure. Verser sur les pâtes et servir.

PRÉPARATION : 10 MINUTES
CUISSON : 20 MINUTES
DONNE 4 PORTIONS

PÂTES AUX TOMATES ET AUX DEUX CHAMPIGNONS

2	paquets de 10 g chacun de bolets (porcini) séchés	2
50 ml	huile d'olive 100 % pure PRIMO	¼ tasse
1	oignon, haché	1
3	gousses d'ail, hachées finement	3
750 ml	champignons frais tranchés	3 tasses
1	boîte de 796 ml (28 oz) de tomates PRIMO, égouttées et hachées	1
125 ml	jambon coupé en dés	½ tasse
1 ml	sel	¼ c. à t.
1 litre	magliette rigate PRIMO	4 tasses
50 ml	persil frais haché	¼ tasse
50 ml	fromage 100 % Parmesan râpé PRIMO	¼ tasse

━━━●━━━

• Faire ramollir les champignons séchés dans 250 ml (1 tasse) d'eau chaude; égoutter et trancher les champignons; filtrer le liquide et réserver.

• Dans une grande casserole, faire chauffer l'huile à feu moyen; y faire revenir l'oignon et l'ail 3 minutes, ou jusqu'à ce qu'ils soient ramollis. Ajouter les champignons frais et faire revenir 2 minutes, en remuant.

• Ajouter les tomates, le jambon, le sel et le liquide réservé; amener à ébullition et poursuivre la cuisson 10 minutes à feu doux.

• Faire cuire les pâtes 8 à 12 minutes dans de l'eau bouillante salée, jusqu'à ce qu'elles soient al dente.

• Faire cuire les bolets dans la sauce 2 minutes. Mélanger les pâtes à la sauce, parsemer de persil et de parmesan.

PRÉPARATION : 20 MINUTES
CUISSON : 20 MINUTES
DONNE 4 PORTIONS

POULET SAUTÉ THAÏLANDAIS AU LAIT DE COCO

Ce plat exotique a une saveur délicate et douce.

SAUCE :

125 ml	lait de coco	½ tasse
50 ml	bouillon de poulet	¼ tasse
15 ml	*chacun* des ingrédients suivants : sauce soya, jus de lime et sauce hoisin	1 c. à s.
5 ml	pâte de piments orientale	1 c. à t.

SAUTÉ :

375 g	capellini PRIMO	¾ lb
15 ml	huile végétale PRIMO	1 c. à s.
15 ml	gingembre frais haché finement	1 c. à s.
225 g	poitrine de poulet désossée, coupée en cubes	½ lb
1	poivron vert, coupé en cubes	1
1	oignon, coupé en cubes	1
500 ml	champignons tranchés	2 tasses
125 ml	coriandre fraîche hachée	½ tasse

• Dans un petit bol, fouetter ensemble le lait de coco, le bouillon de poulet, la sauce soya, le jus de lime, la sauce hoisin et la pâte de piments orientale ; réserver.

• Dans une grande casserole remplie d'eau bouillante salée, faire cuire les pâtes 4 minutes, ou jusqu'à ce qu'elles soient tendres mais encore croquantes ; égoutter, rincer légèrement, égoutter de nouveau et réserver.

• Dans un wok, faire chauffer l'huile à feu moyen-vif. Y faire sauter le gingembre pendant 15 secondes. Ajouter le poulet et le faire revenir 90 secondes ou jusqu'à ce qu'il soit juste à point. À l'aide d'une écumoire, retirer le poulet et le gingembre ; ne pas jeter l'huile.

• Dans le wok, faire sauter le poivron vert, l'oignon et les champignons pendant 2 minutes, ou jusqu'à ce que le poivron et l'oignon soient tendres mais encore croquants.

• Remettre le gingembre et le poulet dans le wok ; y verser la sauce. Laisser cuire 30 secondes ou jusqu'à ce que le mélange arrive à ébullition. Retirer du feu, ajouter la coriandre et les pâtes, bien mélanger et servir.

PRÉPARATION : 15 MINUTES
CUISSON : 10 MINUTES
DONNE 4 PORTIONS

SAUTÉ DE DINDE RAPIDE

250 ml	bouillon de poulet	1 tasse
25 ml	fécule de maïs	2 c. à s.
25 ml	sauce soya	2 c. à s.
15 ml	jus de citron	1 c. à s.
375 g	vermicelles PRIMO	¾ lb
25 ml	huile végétale PRIMO	2 c. à s.
1	gousse d'ail, hachée finement	1
15 ml	gingembre frais haché finement	1 c. à s.
375 g	poitrine de dinde, coupée en fines lanières	¾ lb
250 ml	pois mange-tout coupés en deux	1 tasse
1	poivron vert, tranché	1
1	oignon rouge, coupé en gros morceaux	1

• Dans un petit bol, mélanger au fouet le bouillon, la fécule de maïs, la sauce soya et le jus de citron; réserver.

• Dans une grande casserole remplie d'eau bouillante salée, faire cuire les pâtes pendant 6 à 8 minutes, ou jusqu'à ce qu'elles soient tendres mais encore croquantes; les égoutter et réserver.

• Dans un wok, à feu moyen-vif, faire chauffer 15 ml (1 c. à s.) d'huile. Y faire revenir l'ail et le gingembre pendant 15 secondes. Ajouter la dinde et faire sauter pendant 2 minutes ou jusqu'à ce qu'elle soit bien cuite. Retirer la dinde du wok.

• Ajouter l'huile qui reste dans le wok et y faire sauter les pois mange-tout, le poivron vert et l'oignon pendant 2 minutes, ou jusqu'à ce que les légumes soient tendres mais encore croquants.

• Remettre la dinde dans le wok et y verser la sauce. Faire cuire pendant 30 secondes ou jusqu'à ce que le mélange arrive à ébullition et soit bien chaud. Verser sur les pâtes et servir immédiatement.

PRÉPARATION : 10 MINUTES
CUISSON : 15 MINUTES
DONNE 4 PORTIONS

PENNE AU BŒUF À LA SAUCE AU ROMANO ET AU BASILIC

15 ml	huile végétale PRIMO	1 c. à s.
450 g	bifteck de surlonge, coupé en fines lanières	1 lb
1	petit oignon, haché finement	1
2	gousses d'ail, hachées finement	2
2 ml	basilic séché	½ c. à t.
2 ml	origan séché	½ c. à t.
1	boîte de 680 ml (24 oz) de sauce pour pâtes au Romano et au basilic PRIMO	1
1	poivron vert, coupé en fines lanières	1
1 litre	penne rigate PRIMO fromage 100 % Romano râpé PRIMO	4 tasses

• Dans une poêle, faire chauffer l'huile à feu moyen-vif. Y faire revenir le bœuf. Ajouter l'oignon, l'ail, le basilic et l'origan.

• Baisser le feu à moyen et faire cuire 3 à 5 minutes, ou jusqu'à ce que l'oignon soit ramolli. Incorporer la sauce pour pâtes et laisser mijoter 10 minutes. Ajouter le poivron vert et poursuivre la cuisson 5 minutes.

• Faire cuire les pâtes de 8 à 10 minutes dans de l'eau bouillante salée, ou jusqu'à ce qu'elles soient al dente; les égoutter.

• Mélanger les pâtes avec la sauce chaude. Parsemer de romano et servir immédiatement.

PRÉPARATION : 10 MINUTES
CUISSON : 20 MINUTES
DONNE 4 PORTIONS

Linguine alla ROMANA

25 ml	beurre	2 c. à s.
115 g	jambon, coupé en fines lanières	¼ lb
3	gousses d'ail, hachées finement	3
1	petit poivron rouge, coupé en fines lanières	1
20 ml	farine tout-usage	4 c. à t.
1	boîte de 385 ml de lait évaporé partiellement écrémé	1
125 ml	petits pois surgelés	½ tasse
375 g	linguine fines PRIMO	¾ lb
	fromage 100% Parmesan râpé PRIMO	

———•———

• Dans une poêle, faire fondre le beurre à feu moyen. Y faire revenir le jambon, l'ail et le poivron rouge pendant 5 minutes ou jusqu'à ce que le poivron soit légèrement ramolli.

• Saupoudrer de farine et mélanger. Bien incorporer le lait évaporé.

• Porter à ébullition à feu moyen, en remuant de temps en temps. Laisser cuire 3 à 5 minutes ou jusqu'à ce que la sauce ait épaissi. Ajouter les petits pois.

• Entre-temps, dans une grande casserole remplie d'eau bouillante salée, faire cuire les pâtes 7 minutes, ou jusqu'à ce qu'elles soient tendres mais encore croquantes.

• Les égoutter et les mélanger à la sauce chaude et au parmesan. Laisser reposer 5 minutes avant de servir.

PRÉPARATION : 10 MINUTES
CUISSON : 10 MINUTES
DONNE 4 PORTIONS

Dans un bol, mélanger au fouet le jus d'ananas, le bouillon, la sauce soya, le vinaigre, la fécule de maïs et la cassonade; réserver.

Dans une petite poêle, faire cuire le mélange aux pâtes 5 minutes de chaque côté, ou jusqu'à ce qu'ils soient dorés.

Fouetter la sauce et la verser dans le wok; ajouter le porc et le bok choy. Faire cuire jusqu'à ce que la sauce ait épaissi et qu'elle commence à bouillir.

SAUTÉ DE PORC SAUCE AIGRE-DOUCE AVEC CRÊPES AUX VERMICELLES

SAUCE :

1	boîte de 398 ml (14 oz) d'ananas en morceaux, non sucrés, égouttés, le jus réservé	1
125 ml	bouillon de poulet	½ tasse
50 ml	*chacun* des ingrédients suivants : sauce soya, vinaigre d'alcool de riz, fécule de maïs	¼ tasse
25 ml	cassonade	2 c. à s.

CRÊPES :

375 g	vermicelles PRIMO	¾ lb
2	oignons verts, hachés finement	2
2	blancs d'œufs	2
7 ml	huile végétale PRIMO	1½ c. à t.

SAUTÉ :

25 ml	huile végétale PRIMO	2 c. à s.
2	gousses d'ail, hachées finement	2
450 g	filet de porc, coupé en fines lanières	1 lb
1	oignon, coupé en gros morceaux	1
1	poivron rouge, haché	1
250 ml	pois mange-tout coupés en deux	1 tasse
250 ml	bok choy haché	1 tasse

● Dans un petit bol, mélanger au fouet le jus d'ananas, le bouillon, la sauce soya, le vinaigre, la fécule de maïs et la cassonade ; réserver.

● Dans une grande casserole remplie d'eau bouillante salée, faire cuire les pâtes pendant 6 à 8 minutes, ou jusqu'à ce qu'elles soient tendres mais encore croquantes ; les rincer, les égoutter et les mettre dans un grand bol. Bien incorporer les oignons verts et les blancs d'œufs.

● Dans un poêlon à revêtement anti-adhésif de 15 cm (6 po) de diamètre, faire chauffer à feu moyen 1 ml (¼ c. à t.) d'huile. Y ajouter 250 ml (1 tasse) du mélange aux pâtes et l'étaler dans le poêlon. Faire cuire pendant 5 minutes, ou jusqu'à ce que le dessous de la crêpe soit doré. Retourner la crêpe et poursuivre la cuisson 3 minutes ou jusqu'à ce que l'autre côté de la crêpe soit doré ; la retirer du poêlon. Faire cuire 5 autres crêpes en utilisant le reste de l'huile et du mélange aux pâtes.

● Dans un wok, faire chauffer à feu vif 15 ml (1 c. à s.) d'huile. Y faire revenir l'ail 15 secondes. Ajouter le porc et faire sauter pendant 2 minutes, ou jusqu'à ce qu'il soit doré. Retirer du wok le porc et l'ail ; réserver.

● Verser dans le wok 15 ml (1 c. à s.) d'huile. Y faire revenir les morceaux d'ananas, l'oignon, le poivron et les pois mange-tout pendant 2 minutes, ou jusqu'à ce qu'ils soient tendres mais encore croquants.

● Fouetter la sauce et la verser dans le wok ; ajouter le porc et le bok choy. Faire cuire pendant 1 minute ou jusqu'à ce que le mélange ait épaissi et commence à bouillir, et jusqu'à ce que le porc soit bien chaud. Garnir chaque crêpe de sauté de porc à la sauce aigre-douce et servir.

CONSEIL : si vous avez peu de temps devant vous, vous pouvez tout simplement omettre les échalotes et le blanc d'œuf et servir le sauté de porc à la sauce aigre-douce sur les pâtes chaudes.

PRÉPARATION : 10 MINUTES
CUISSON : 1 HEURE
DONNE 6 PORTIONS

PENNINE AU POULET ET AUX LÉGUMES

15 ml	huile d'olive 100 % pure PRIMO	1 c. à s.
375 g	poitrines de poulet désossées, coupées en fines lanières	¾ lb
1	*chacun* des ingrédients suivants coupé en fines lanières : poivron rouge, poivron jaune, poivron vert	1
500 ml	champignons frais coupés en quatre	2 tasses
1	oignon, haché	1
2	gousses d'ail, hachées finement	2
4 ml	sel	¾ c. à t.
2 ml	poivre	½ c. à t.
2 ml	basilic séché	½ c. à t.
45 ml	vinaigre de vin rouge PRIMO	3 c. à s.
1 litre	pennine lisse PRIMO	4 tasses
1	bocal de 170 ml (6 oz) de cœurs d'artichauts marinés PRIMO, égouttés et tranchés	1
125 ml	fromage 100 % Parmesan râpé PRIMO	½ tasse

● Dans une poêle à revêtement anti-adhésif, faire chauffer l'huile à feu moyen-vif. Y faire dorer les lanières de poulet, puis les retirer de la poêle.

● Y faire cuire les poivrons rouge, jaune et vert, les champignons, l'oignon et l'ail pendant 5 à 7 minutes, ou jusqu'à ce que les poivrons soient tendres mais encore croquants. Ajouter le sel, le poivre et le basilic et poursuivre la cuisson 1 minute. Remettre le poulet dans la poêle, ajouter le vinaigre et bien mélanger.

● Entre-temps, dans une grande casserole remplie d'eau bouillante salée, faire cuire les pâtes 9 minutes, ou jusqu'à ce qu'elles soient tendres mais encore croquantes. Les égoutter puis les incorporer au mélange au poulet.

● Ajouter les artichauts et le parmesan et bien mélanger. Servir immédiatement.

PRÉPARATION : 15 MINUTES
CUISSON : 15 MINUTES
DONNE 6 PORTIONS

SPAGHETTI alla CARBONARA

375 g	spaghetti PRIMO	¾ lb
4	tranches de bacon	4
1	œuf	1
50 ml	crème moitié-moitié à 10 %	¼ tasse
25 ml	fromage 100 % Parmesan râpé PRIMO	2 c. à s.

● Dans une grande casserole remplie d'eau bouillante salée, faire cuire les pâtes 8 à 10 minutes, ou jusqu'à ce qu'elles soient tendres mais encore croquantes.

● Entre-temps, dans une poêle, faire cuire à feu moyen le bacon pendant 5 minutes ou jusqu'à ce qu'il soit croustillant ; bien l'égoutter sur du papier absorbant, l'émietter et réserver.

● Dans un grand bol, fouetter ensemble l'œuf et la crème. Y incorporer les pâtes égouttées et bien chaudes.

● Ajouter le bacon émietté et le parmesan ; mélanger. Servir immédiatement avec du parmesan et du poivre noir fraîchement moulu.

CONSEIL : assurez-vous que les pâtes soient très chaudes lorsque vous les mélanger avec la préparation à la crème.

PRÉPARATION : 5 MINUTES
CUISSON : 10 MINUTES
DONNE 4 PORTIONS

SAUCISSES ÉPICÉES ET PÂTES AUX LÉGUMES VERTS

125 ml	huile d'olive 100 % pure PRIMO	½ tasse
2	blancs de poireaux, hachés	2
1 ml	sel	¼ c. à t.
375 g	saucisses italiennes piquantes, coupées en rondelles	¾ lb
125 ml	bouillon de poulet	½ tasse
2 ml	piment fort en flocons	½ c. à t.
1,5 litre	pissenlits hachés grossièrement	6 tasses
375 g	rotini PRIMO	¾ lb
50 ml	fromage 100 % Parmesan râpé PRIMO	¼ tasse

● Dans une grande casserole, faire chauffer l'huile d'olive à feu moyen-doux. Ajouter les poireaux et le sel, couvrir et faire cuire pendant 10 minutes ou jusqu'à ce que les poireaux soient ramollis.

● Monter le feu à moyen et faire cuire les saucisses pendant 7 minutes, ou jusqu'à ce qu'elles soient dorées. Incorporer le bouillon et le piment fort ; ajouter les pissenlits et faire cuire pendant 3 minutes, ou jusqu'à ce que les pissenlits soient flétris, en remuant souvent.

● Entre-temps, dans une grande casserole remplie d'eau bouillante salée, faire cuire les pâtes pendant 8 à 10 minutes, ou jusqu'à ce qu'elles soient tendres mais encore croquantes ; les égoutter.

● Mélanger les pâtes aux saucisses et aux pissenlits, saupoudrer de parmesan et servir immédiatement.

CONSEIL : vous pouvez remplacer les pissenlits par des épinards ou des bettes.

PRÉPARATION : 15 MINUTES
CUISSON : 20 MINUTES
DONNE 4 PORTIONS

PÂTES AU BŒUF ET AUX LÉGUMES SAUTÉS

SAUCE :

150 ml	bouillon de bœuf en boîte, non dilué	⅔ tasse
25 ml	sauce soya	2 c. à s.
15 ml	sauce hoisin	1 c. à s.
7 ml	vinaigre de riz	1½ c. à t.
2 ml	huile de sésame	½ c. à t.
10 ml	fécule de maïs	2 c. à t.

LÉGUMES ET BŒUF SAUTÉS :

15 ml	huile végétale PRIMO	1 c. à s.
15 ml	gingembre frais, haché finement	1 c. à s.
3	gousses d'ail, hachées finement	3
375 g	bifteck de surlonge, coupé en lanières	¾ lb
250 ml	*chacun* des ingrédients suivants: oignons coupés en lanières, bouquets de brocoli, champignons frais coupés en quatre et pois des neiges	1 tasse
1	poivron rouge, coupé en cubes	1
375 g	capellini PRIMO	¾ lb

●Dans un petit bol, mélanger au fouet le bouillon, la sauce soya, la sauce hoisin, le vinaigre et l'huile de sésame. Saupoudrer de fécule de maïs et fouetter jusqu'à ce qu'il n'y ait plus de grumeaux; réserver.

●Dans un wok ou dans une grande poêle, faire chauffer l'huile à feu moyen-vif. Y faire revenir le gingembre et l'ail 30 secondes, en remuant continuellement.

●Ajouter le bœuf et le faire sauter 3 minutes. Retirer le gingembre, l'ail et le bœuf et réserver. Faire cuire les oignons, le brocoli, les champignons, les pois des neiges et le poivron rouge pendant 5 à 7 minutes, ou jusqu'à ce qu'ils soient légèrement dorés et tendres, mais encore croquants.

●Fouetter la sauce, puis la verser sur les légumes; remettre le bœuf, le gingembre et l'ail dans le wok. Mélanger. Porter à ébullition et laisser cuire 3 à 5 minutes, ou jusqu'à ce que la sauce ait épaissi.

●Entre-temps, dans une grande casserole remplie d'eau bouillante salée, faire cuire les pâtes pendant 5 minutes, ou jusqu'à ce qu'elles soient tendres mais encore croquantes. Les égoutter et les mélanger à la préparation dans le wok. Servir immédiatement.

PRÉPARATION : 25 MINUTES
CUISSON : 15 MINUTES
DONNE 4 PORTIONS

Penne all'AMATRICIANA

15 ml	huile d'olive PRIMO	1 c. à s.
1	tranche de pancetta de 5 mm (¼ po) d'épaisseur, coupée en fines lanières	1
1	oignon, haché	1
3	gousses d'ail, hachées finement	3
2 ml	piment fort en flocons	½ c. à t.
50 ml	vin blanc (facultatif)	¼ tasse
1	boîte de 796 ml (28 oz) de tomates italiennes PRIMO	1
1 litre	penne rigate PRIMO	4 tasses
50 ml	persil italien frais haché	¼ tasse
25 ml	fromage 100 % Parmesan râpé PRIMO	2 c. à s.
15 ml	fromage 100 % Romano râpé PRIMO	1 c. à s.

• Dans une grande poêle, faire chauffer l'huile à feu moyen. Y faire revenir la pancetta, l'oignon et l'ail pendant 7 à 10 minutes, ou jusqu'à ce que l'oignon soit très ramolli. Ajouter le piment fort et poursuivre la cuisson 1 minute. Mouiller avec le vin, en raclant bien le fond de la poêle.

• Ajouter les tomates et les concasser avec le dos d'une cuillère en bois. Amener à ébullition, baisser le feu à doux et laisser mijoter de 25 à 30 minutes, ou jusqu'à ce que la sauce ait épaissi.

• Entre-temps, dans une grande casserole remplie d'eau bouillante salée, faire cuire les pâtes 8 à 10 minutes, ou jusqu'à ce qu'elles soient tendres mais encore croquantes.

• Égoutter les pâtes et les mélanger immédiatement à la sauce tomate avec le persil et les fromages. Servir immédiatement.

PRÉPARATION : 10 MINUTES
CUISSON : 40 MINUTES
DONNE 4 À 6 PORTIONS

PRODUITS
DE LA MER

CREVETTES ET LÉGUMES SAUTÉS

SAUCE :

250 ml	jus d'ananas non sucré	1 tasse
150 ml	sauce aux huîtres	⅔ tasse
25 ml	*chacun* des ingrédients suivants: sauce soya, vinaigre de riz, fécule de maïs	2 c. à s.
10 ml	huile de sésame	2 c.à t.
5 ml	pâte de piments orientale	1 c. à t.

SAUTÉ :

375 g	linguine fine **PRIMO**	¾ lb
15 ml	huile végétale **PRIMO**	1 c. à s.
15 ml	gingembre frais haché finement	1 c. à s.
375 g	crevettes fraîches, décortiquées et déveinées	¾ lb
1	oignon, coupé en cubes	1
1 litre	bouquets de brocoli	4 tasses
2	poivrons rouges, coupés en cubes	2
125 ml	châtaignes d'eau tranchées	½ tasse

● Dans un petit bol, fouetter ensemble le jus d'ananas, la sauce aux huîtres, la sauce soya, le vinaigre de riz, la fécule de maïs, l'huile de sésame et la pâte de piment; réserver.

● Dans une grande casserole remplie d'eau bouillante salée, faire cuire les pâtes pendant 7 minutes, ou jusqu'à ce qu'elles soient tendres mais encore croquantes. Les égoutter, les rincer rapidement et les égoutter de nouveau.

● Dans un wok, faire chauffer l'huile à feu moyen. Y faire revenir le gingembre 15 secondes. Ajouter les crevettes et les faire sauter 2 minutes, ou jusqu'à ce qu'elles soient roses. À l'aide d'une écumoire, retirer les crevettes et le gingembre; laisser l'huile dans le wok. Réserver.

● Dans le wok, faire sauter l'oignon et le brocoli pendant 90 secondes. Ajouter les poivrons et faire sauter 2 minutes, ou jusqu'à ce que les tous les légumes soient tendres mais encore croquants.

● Remettre les crevettes dans le wok. Ajouter les châtaignes d'eau; fouetter et ajouter la sauce. Laisser cuire 30 secondes ou jusqu'à ce que le mélange commence à bouillir. Retirer le wok du feu, y ajouter les pâtes cuites, mélanger et servir.

PRÉPARATION : 20 MINUTES
CUISSON : 15 MINUTES
DONNE 4 PORTIONS

LINGUINE alle VONGOLE in SALSA BIANCA

LINGUINE EN SAUCE BLANCHE AUX PALOURDES

25 ml	huile d'olive 100 % pure PRIMO	2 c. à s.
1	gousse d'ail, hachée	1
50 ml	*chacun* des ingrédients suivants, finement hachés: carotte, céleri, oignon	¼ tasse
1	boîte de 142 g (5 oz) de petites palourdes PRIMO égouttées, le jus réservé	1
50 ml	vin blanc sec	¼ tasse
2 ml	sel	½ c. à t.
2 ml	poivre	½ c. à t.
450 g	linguine PRIMO	1 lb
125 ml	persil italien frais haché	½ tasse

●Dans une casserole, faire chauffer l'huile à feu moyen. Ajouter l'ail, la carotte, le céleri et l'oignon; faire cuire 3 minutes, ou jusqu'à ce que l'oignon soit ramolli.

●Ajouter 125 ml (½ tasse) du jus de palourde réservé, le vin et le sel. Porter à ébullition et laisser mijoter à feu moyen-doux 5 minutes, ou jusqu'à ce que la carotte soit tendre.

●Faire cuire les pâtes dans de l'eau bouillante salée 7 minutes, ou jusqu'à ce qu'elles soient al dente.

●Bien faire réchauffer les palourdes dans la sauce, environ 3 minutes. Ajouter les pâtes et le persil; bien mélanger et servir immédiatement.

PRÉPARATION : 10 MINUTES
CUISSON : 15 MINUTES
DONNE 4 PORTIONS

LINGUINE alle VONGOLE in SALSA ROSSA

LINGUINE À LA SAUCE ROUGE AUX PALOURDES

25 ml	huile d'olive 100 % pure PRIMO	2 c. à s.
3	gousses d'ail, finement hachées	3
1	oignon, haché	1
1	boîte de 796 ml (28 oz) de tomates écrasées PRIMO	1
125 ml	vin blanc sec	½ tasse
5 ml	sel	1 c. à t.
1 ml	poivre	¼ c. à t.
1	boîte de 142 g (5 oz) de petites palourdes PRIMO égouttées, le jus réservé	1
450 g	linguine PRIMO	1 lb
50 ml	persil frais haché	¼ tasse

• Dans une grande casserole, faire chauffer l'huile à feu moyen. Y faire revenir l'ail et l'oignon 3 minutes, ou jusqu'à ce qu'ils soient ramollis.

• Ajouter les tomates, le vin, le sel, le poivre et 75 ml (⅓ tasse) de jus de palourde. Porter à ébullition, baisser le feu à doux et laisser mijoter 10 minutes. Ajouter les palourdes et poursuivre la cuisson 5 minutes.

• Entre-temps, dans une grande casserole remplie d'eau bouillante salée, faire cuire les pâtes pendant 6 minutes, ou jusqu'à ce qu'elles soient tendres mais encore croquantes. Les égoutter, puis les mélanger à la sauce avec le persil. Servir immédiatement.

PRÉPARATION : 5 MINUTES
CUISSON : 20 MINUTES
DONNE 4 PORTIONS

SPAGHETTI al BACCALÀ

SPAGHETTI À LA MORUE SALÉE

Ce plat italien fera le bonheur des vrais amateurs de poissons!

115 g	morue salée (baccalà) sans arêtes	¼ lb
25 ml	huile d'olive 100 % pure PRIMO	2 c. à s.
3	gousses d'ail, hachées finement	3
75 ml	persil frais haché	⅓ tasse
1	boîte de 796 ml (28 oz) de tomates PRIMO, réduites en purée	1
450 g	spaghetti PRIMO	1 lb

● Mettre la morue salée dans un plat et la couvrir d'eau froide. Laisser tremper pendant 24 heures au réfrigérateur, en changeant l'eau plusieurs fois.

● Détailler la morue en morceaux de 2,5 cm (1 po). Dans une casserole, faire chauffer l'huile d'olive à feu moyen; y faire revenir l'ail, le persil et la morue pendant 1 minute, en remuant continuellement.

● Ajouter les tomates et porter à ébullition. Baisser le feu à doux et laisser mijoter 30 minutes.

● Entre-temps, dans une casserole remplie d'eau bouillante salée, faire cuire les pâtes pendant 8 à 10 minutes, ou jusqu'à ce qu'elles soient tendres mais encore croquantes. Les égoutter, les napper de sauce et servir.

TREMPAGE : 24 HEURES
PRÉPARATION : 10 MINUTES
CUISSON : 30 À 35 MINUTES
DONNE 6 PORTIONS

Faire tremper la morue dans de l'eau froide pendant 24 heures, en changeant l'eau plusieurs fois.

Faire cuire l'ail, le persil et la morue dans l'huile chaude pendant 1 minute.

Ajouter les tomates et porter à ébullition. Baisser le feu et laisser mijoter 30 minutes.

LINGUINE CIOPPINO

225 g	crevettes tigrées noires	½ lb
225 g	moules	½ lb
15 ml	huile d'olive 100 % pure PRIMO	1 c. à s.
1	gros oignon, coupé en deux et haché finement	1
4	gousses d'ail, hachées finement	4
5 ml	basilic séché	1 c. à t.
5 ml	origan séché	1 c. à t.
1	boîte de 596 ml (28 oz) de tomates PRIMO	1
125 ml	vin blanc sec	½ tasse
375 g	linguine PRIMO	¾ lb

● Décortiquer et déveiner les crevettes. Gratter, ébarber et rincer les moules. Conserver les crevettes et les moules au réfrigérateur jusqu'à l'utilisation.

● Dans une poêle, faire chauffer l'huile à feu moyen-doux. Y faire revenir l'oignon 7 à 10 minutes, ou jusqu'à ce qu'il soit doré. Incorporer l'ail, le basilic et l'origan; poursuivre la cuisson 1 minute, en remuant continuellement.

● Ajouter les tomates et le vin; remuer et concasser les tomates avec le dos d'une cuillère en bois. Porter à ébullition sur feu moyen. Baisser le feu et laisser mijoter 15 à 20 minutes, ou jusqu'à ce que la sauce ait épaissi.

● Mettre les moules et les crevettes sur la sauce, couvrir et laisser cuire 7 à 8 minutes ou jusqu'à ce que les moules soient ouvertes et que les crevettes soient roses. Jeter toutes les moules qui sont restées fermées.

● Entre-temps, dans une grande casserole remplie d'eau bouillante salée, faire cuire les pâtes pendant 8 à 10 minutes, ou jusqu'à ce qu'elles soient tendres mais encore croquantes. Verser la sauce chaude sur les linguine et servir.

CONSEIL: les pétoncles, le homard, les calmars, les coquilles Saint-Jacques ou tout autre fruits de mer peuvent rehausser délicieusement cette entrée.

PRÉPARATION : 15 MINUTES
CUISSON : 40 MINUTES
DONNE 4 PORTIONS

LINGUINE AUX FRUITS DE MER ET AU CITRON

25 ml	beurre	2 c. à s.
2	branches de céleri, coupées en julienne de la taille d'une allumette	2
1	carotte, coupée en julienne de la taille d'une allumette	1
4	oignons verts, hachés finement	4
20 ml	farine	4 c. à t.
500 ml	crème moitié-moitié à 10 %	2 tasses
375 g	crevettes ou pétoncles cuits	¾ lb
10 ml	zeste de citron râpé finement	2 c. à t.
1 ml	sel	¼ c. à t.
1	pincée de poivre	1
375 g	linguine PRIMO	¾ lb

•Dans une casserole peu profonde, faire fondre le beurre à feu moyen. En remuant de temps à autre, y faire cuire le céleri, la carotte et les oignons verts pendant 5 à 7 minutes, ou jusqu'à ce qu'ils soient tendres mais encore croquants. Saupoudrer de farine, bien mélanger et poursuivre la cuisson 1 minute, en remuant.

•Ajouter la crème et porter à ébullition à feu moyen, en remuant. Laisser mijoter 5 minutes à feu moyen-doux. Ajouter les crevettes ou les pétoncles, le zeste de citron, le sel et le poivre, et faire chauffer doucement.

•Faire cuire les pâtes dans de l'eau bouillante salée, de 6 à 8 minutes; bien les égoutter.

•Disposer les linguine dans les assiettes, les napper de sauce, saler et poivrer, puis servir.

PRÉPARATION : 15 MINUTES
CUISSON : 15 MINUTES
DONNE 4 PORTIONS

FETTUCCINE AU SAUMON FUMÉ ET AUX ASPERGES

125 ml	beurre	½ tasse
2	gousses d'ail, hachées finement	2
2	oignons verts, hachés finement	2
15 ml	aneth haché	1 c. à s.
15 ml	persil frais haché	1 c. à s.
20 ml	jus de citron frais	4 c. à t.
450 g	asperges, coupées en tronçons de 5 cm (2 po)	1 lb
375 g	fettuccine PRIMO	¾ lb
175 g	saumon fumé, coupé en lanières	6 oz

• Dans un poêlon, faire fondre le beurre à feu moyen-doux. Y faire revenir l'ail 3 à 5 minutes, ou jusqu'à ce qu'il soit odorant mais non doré. Incorporer les oignons verts, l'aneth, le persil et le jus de citron; réserver.

• Dans une grande casserole remplie d'eau bouillante salée, faire cuire les asperges pendant 2 minutes, ou jusqu'à ce qu'elles soient al dente. Les retirer à l'aide d'une écumoire, puis les rincer à l'eau froide. Les égoutter et les mélanger à 25 ml (2 c. à s.) de beurre aux herbes; réserver.

• Dans la même eau de cuisson, faire cuire les pâtes 8 à 10 minutes, ou jusqu'à ce qu'elles soient tendres mais encore croquantes. Les égoutter et les mélanger au reste de beurre aux herbes et aux asperges.

• Disposer dans un plat de service, incorporer délicatement le saumon fumé et servir.

PRÉPARATION : 10 MINUTES
CUISSON : 20 MINUTES
DONNE 4 PORTIONS

PAD THAI

125 ml	bouillon de poulet	½ tasse
50 ml	sauce aux huîtres	¼ tasse
50 ml	sauce tomate PRIMO	¼ tasse
25 ml	jus de lime frais	2 c. à s.
25 ml	sucre	2 c. à s.
2 ml	piment fort en flocons	½ c. à t.
1	boîte de 375 g de nids aux œufs extra-larges PRIMO	1
45 ml	huile végétale PRIMO	3 c. à s.
1	œuf, légèrement battu	1
2	grosses gousses d'ail, hachées finement	2
1	poivron rouge, haché	1
225 g	crevettes crues, décortiquées et déveinées	½ lb
125 g	porc désossé, coupé en fines lanières	4 oz
500 ml	fèves germées	2 tasses
4	oignons verts, hachés	4
75 ml	coriandre fraîche hachée	⅓ tasse
45 ml	arachides non salées hachées	3 c. à s.

●Dans un petit bol, mélanger au fouet le bouillon, la sauce aux huîtres, la sauce tomate, le jus de lime, le sucre et le piment fort; réserver.

●Dans une grande casserole remplie d'eau bouillante salée, faire cuire les pâtes pendant 6 à 8 minutes, ou jusqu'à ce qu'elles soient tendres mais encore croquantes. Les égoutter et réserver.

●Faire chauffer 15 ml (1 c. à s.) d'huile dans un wok ou dans un grand poêlon. En remuant constamment, y faire cuire l'œuf pendant 30 secondes ou jusqu'à ce qu'il ait pris; le retirer du wok et réserver.

●Faire chauffer une autre cuillerée à soupe d'huile dans le wok et y faire cuire l'ail et le poivron rouge pendant 3 à 5 minutes ou jusqu'à ce que le poivron ait ramolli légèrement; retirer du wok et réserver.

●Faire chauffer le reste de l'huile dans le wok et y faire cuire les crevettes et le porc pendant 5 à 7 minutes, ou jusqu'à ce que les crevettes soient roses.

●Incorporer la sauce, les pâtes, l'œuf, le poivron et les fèves germées; bien faire réchauffer. Disposer dans un grand plat, garnir d'oignons verts, de coriandre et d'arachides, et servir immédiatement.

CONSEIL: rectifier la quantité de piment en flocons utilisée dans cette recette selon vos goûts.

PRÉPARATION: 20 MINUTES
CUISSON: 25 MINUTES
DONNE 6 À 8 PORTIONS

Dans un petit bol, mélanger au fouet le bouillon, la sauce aux huîtres, la sauce tomate, le jus de lime, le sucre et le piment en flocons; réserver.

Faire cuire l'œuf dans l'huile chaude pendant 30 secondes, ou jusqu'à ce qu'il ait pris, en remuant continuellement. Le retirer du wok et réserver.

Faire cuire l'ail et le poivron rouge dans l'huile chaude jusqu'à ce que le poivron ait légèrement ramolli. Retirer du wok et réserver.

Faire chauffer le reste de l'huile ; y faire cuire les crevettes et le porc pendant 5 à 7 minutes, ou jusqu'à ce que les crevettes soient roses.

Remettre l'œuf, le poivron et les nouilles dans le wok.

Incorporer les fèves germées et la sauce ; bien faire réchauffer.

PASTA con TONNO e OLIVE

PÂTES AU THON ET AUX OLIVES

25 ml	huile d'olive 100 % pure PRIMO	2 c. à s.
2	gousses d'ail, hachées finement	2
1	boîte de 796 ml (28 oz) de tomates PRIMO	1
2 ml	*chacun* des ingrédients suivants: origan séché, sel, poivre	½ c. à t.
1 ml	piment fort en flocons	¼ c. à t.
450 g	bucatini PRIMO	1 lb
250 ml	olives noires moyennes dénoyautées PRIMO, tranchées	1 tasse
50 ml	persil frais haché	¼ tasse
2	boîtes de 199 ml (7 oz) *chacune* de thon blanc entier PRIMO, égoutté et en morceaux	2

• Dans une casserole, faire chauffer l'huile d'olive à feu moyen. Y faire revenir l'ail pendant 10 secondes, ou jusqu'à ce qu'il commence à colorer.

• Ajouter les tomates, l'origan, le sel, le poivre et le piment fort. Porter à ébullition, baisser le feu à moyen-doux et laisser cuire 15 minutes.

• Entre-temps, dans une casserole remplie d'eau bouillante salée, faire cuire les pâtes 8 à 10 minutes, ou jusqu'à ce qu'elles soient tendres mais encore croquantes; bien les égoutter.

• Incorporer les olives à la sauce et poursuivre la cuisson 2 minutes. Mélanger les pâtes avec la sauce, le persil et le thon; servir immédiatement.

PRÉPARATION: 10 MINUTES
CUISSON: 20 MINUTES
DONNE 6 PORTIONS

PÂTES ET LÉGUMES

PÂTES PRIMAVERA

*Utilisez des légumes de saison de différentes couleurs
pour agrémenter cette recette.*

8	pointes d'asperges, chacune coupée en morceaux de 2,5 cm (1 po)	8
15 ml	beurre	1 c. à s.
1	poivron rouge, épépiné et coupé en fines lanières	1
1	carotte, coupée en fines lanières	1
1	poireau, coupé en fines lanières	1
4	gousses d'ail, hachées finement	4
250 ml	bouillon de poulet	1 tasse
25 ml	vin blanc ou jus de citron	2 c. à s.
1 ml	sel	¼ c. à t.
1 ml	poivre	¼ c. à t.
250 ml	petits pois surgelés	1 tasse
375 g	linguine fine de PRIMO	¾ lb
50 ml	fromage 100 % Parmesan râpé PRIMO	¼ tasse
50 ml	persil italien frais haché	¼ tasse

———•———

◗Faire cuire les asperges dans une grande casserole remplie d'eau bouillante salée, pendant 2 à 3 minutes, ou jusqu'à ce qu'elles soient tendres mais encore croquantes. Les retirer avec une écumoire, les passer sous l'eau froide, les égoutter et réserver.

◗Faire fondre le beurre dans une poêle, à feu moyen. Y faire cuire le poivron rouge, la carotte, le poireau et l'ail pendant 5 minutes, ou jusqu'à ce que les légumes commencent à ramollir, en remuant de temps à autre.

◗Ajouter le bouillon, le vin, le sel et le poivre. Laisser mijoter de 5 à 7 minutes, ou jusqu'à ce que les légumes soient tendres mais encore croquants. Incorporer les petits pois et les asperges cuites.

◗Entre-temps, faire cuire les pâtes dans l'eau de cuisson des asperges, pendant 7 à 9 minutes, ou jusqu'à ce qu'elles soient tendres mais encore fermes. Égoutter et mélanger à la sauce chaude.

◗Saupoudrer de parmesan et de persil. Bien mélanger. Servir immédiatement.

PRÉPARATION : 15 MINUTES
CUISSON : 15 MINUTES
DONNE 4 PORTIONS

PÂTES AUX FINES HERBES ET AUX POIS CHICHES

15 ml	huile d'olive 100 % pure PRIMO	1 c. à s.
1	gousse d'ail, hachée finement	1
1	boîte de 796 ml (28 oz) de tomates PRIMO	1
5 ml	basilic séché	1 c. à t.
5 ml	origan séché	1 c. à t.
2 ml	poivre	½ c. à t.
1	boîte de 540 ml (19 oz) de pois chiches PRIMO, rincés et égouttés	1
500 ml	champignons frais, tranchés	2 tasses
500 ml	ditali PRIMO	2 tasses
50 ml	persil frais haché fromage 100 % Parmesan râpé PRIMO	¼ tasse

• Dans une grande casserole, faire chauffer l'huile à feu moyen. Y faire revenir l'ail 30 secondes. Ajouter les tomates, le basilic, l'origan et le poivre. Mélanger et concasser les tomates avec le dos d'une cuillère.

• Ajouter les pois chiches et porter à ébullition à feu vif. Laisser mijoter 10 minutes à feu moyen-doux.

• Dans une poêle à revêtement antiadhésif, faire dorer les champignons à feu moyen-vif, environ 3½ minutes, en remuant souvent. Retirer du feu et réserver.

• Faire cuire les pâtes pendant 6 à 8 minutes dans de l'eau bouillante salée. Bien les égoutter.

• Mélanger les pâtes et la sauce, garnir de champignons, parsemer de persil et de parmesan et servir.

PRÉPARATION : 5 MINUTES
CUISSON : 15 MINUTES
POUR 4 PERSONNES

BOCCONCINI AUX POIVRONS GRILLÉS ET AUX CHAMPIGNONS

1	poivron jaune	1
15 ml	huile d'olive 100 % pure PRIMO	1 c. à s.
375 ml	champignons tranchés	1½ tasse
1	oignon, haché	1
2	gousses d'ail, hachées finement	2
4	piments doux rôtis PRIMO, tranchés	4
25 ml	vin blanc	2 c. à s.
1 litre	bocconcini PRIMO	4 tasses
25 ml	fromage 100 % Romano râpé PRIMO	2 c. à s.
4	oignons verts, hachés	4

• Mettre le poivron jaune sur une plaque allant au four et le faire griller à gril 2 à 3 minutes par côté, ou jusqu'à ce que la peau ait noirci. Sortir le poivron du four, le déposer dans un bol en verre et couvrir hermétiquement d'une pellicule de plastique.

• Lorsque le poivron est suffisamment froid pour être tenu, le peler, le vider et le trancher.

• Faire chauffer l'huile d'olive dans une poêle, à feu moyen-vif et y faire revenir les champignons, l'oignon et l'ail 5 minutes ou jusqu'à ce qu'ils soient ramollis. Incorporer les piments rôtis, le poivron jaune grillé et le vin blanc; poursuivre la cuisson 3 minutes.

• Faire cuire les pâtes dans de l'eau bouillante salée de 8 à 10 minutes ou jusqu'à ce qu'elles soient al dente.

• Égoutter et mélanger à la sauce avec le fromage et les oignons verts. Servir immédiatement.

PRÉPARATION : 15 MINUTES
CUISSON : 15 MINUTES
DONNE 4 PORTIONS

Ajouter le riz à l'oignon cuit et poursuivre la cuisson 2 minutes, en remuant continuellement.

Ajouter le bouillon par 125 ml (½ tasse) en remuant continuellement. S'assurer que tout le liquide soit absorbé avant chaque nouvel ajout.

Retirer du feu; incorporer le reste du beurre et le parmesan.

RISOTTO ALLA MILANESE

1,75 litre	bouillon de poulet	7 tasses
1	pincée de safran	1
50 ml	beurre	¼ tasse
1	oignon, finement haché	1
500 ml	riz arborio PRIMO	2 tasses
50 ml	fromage 100 % Parmesan râpé PRIMO	¼ tasse
	poivre moulu, au goût	

● Dans une casserole, amener le bouillon au point d'ébullition. Y faire dissoudre le safran.

● Dans une casserole à fond épais, faire fondre à feu moyen 25 ml (2 c. à s.) de beurre. Y faire cuire l'oignon pendant 3 minutes ou jusqu'à ce qu'il soit ramolli. Ajouter le riz et faire cuire 2 minutes, en remuant continuellement.

● Ajouter 125 ml (½ tasse) de bouillon et remuer jusqu'à ce que le liquide soit tout absorbé. Sans cesser de remuer, continuer à ajouter le bouillon par 125 ml (½ tasse) et s'assurer que tout le bouillon soit absorbé avant chaque ajout. Le riz, une fois cuit, doit être légèrement croquant sous la dent.

● Retirer du feu; incorporer le reste du beurre et le parmesan. Servir avec du poivre fraîchement moulu.

VARIANTE À LA TOMATE: omettre le safran. Faire cuire le risotto comme indiqué ci-contre. Incorporer ensuite 50 ml (¼ tasse) de basilic frais haché, 1 grosse tomate épépinée et hachée et une demi tête d'ail (environ 8 gousses) grillée et écrasée. Incorporer les 25 ml (2 c. à s.) de beurre qui restent et le parmesan. (Pour faire griller l'ail, l'envelopper dans du papier d'aluminium et le mettre au four à 180 °C (350 °F) pendant 1 heure. Lorsqu'il est suffisamment refroidi pour être tenu, le séparer en gousses et presser chacune des gousses pour les éplucher.)

VARIANTE AUX CHAMPIGNONS: omettre le safran et réduire le bouillon à 1,5 litre (6 tasses). Faire tremper 2 paquets de 10 g chacun de champignons porcini séchés dans 250 ml (1 tasse) d'eau chaude pendant 20 minutes. Retirer les champignons ramollis de l'eau, les hacher et réserver. Filtrer le liquide à travers un filtre à café; ajouter 1,5 litre (6 tasses) de bouillon chaud. Utiliser ce bouillon pour faire cuire le risotto selon la recette ci-contre. Lorsque le risotto est cuit, incorporer les champignons tranchés, les 25 ml (2 c. à s.) de beurre qui restent et le parmesan.

PRÉPARATION: 10 MINUTES
CUISSON: 30 MINUTES
DONNE 4 À 6 PORTIONS

LINGUINE al PESTO

LINGUINE AU PESTO

500 ml	feuilles de basilic frais tassées	2 tasses
125 ml	fromage 100 % Parmesan râpé PRIMO	½ tasse
50 ml	pignons, grillés	¼ tasse
4 ml	sel	¾ c. à t.
1 ml	poivre	¼ c. à t.
125 ml	huile d'olive 100 % pure PRIMO	½ tasse
4	gousses d'ail, hachées finement	4
450 g	haricots verts, coupés en tronçons de 2,5 cm (1 po)	1 lb
450 g	linguine PRIMO	1 lb

● Au robot culinaire, hacher finement le basilic, le parmesan, les pignons, le sel et le poivre. Y verser lentement l'huile pendant que le robot est en marche. Bien mélanger, incorporer l'ail. Réserver.

● Dans une grande casserole remplie d'eau bouillante salée, faire cuire les haricots verts 2 à 3 minutes, ou jusqu'à ce qu'ils soient tendres mais encore croquants. Les retirer avec une écumoire, les passer sous l'eau froide, les égoutter et réserver.

● Faire cuire les linguine dans la même eau bouillante pendant 8 à 10 minutes, ou jusqu'à ce qu'elles soient tendres mais encore croquantes. Les égoutter, les mélanger au pesto et aux haricots verts et servir.

PRÉPARATION : 15 MINUTES
CUISSON : 10 À 15 MINUTES
DONNE 6 PORTIONS

SAUCE JARDINIÈRE AUX TOMATES ET AUX FINES HERBES

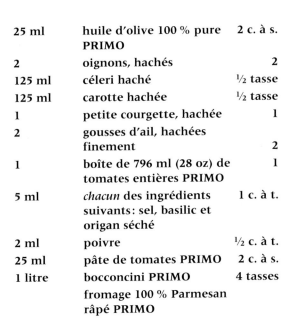

25 ml	huile d'olive 100 % pure PRIMO	2 c. à s.
2	oignons, hachés	2
125 ml	céleri haché	½ tasse
125 ml	carotte hachée	½ tasse
1	petite courgette, hachée	1
2	gousses d'ail, hachées finement	2
1	boîte de 796 ml (28 oz) de tomates entières PRIMO	1
5 ml	chacun des ingrédients suivants : sel, basilic et origan séché	1 c. à t.
2 ml	poivre	½ c. à t.
25 ml	pâte de tomates PRIMO	2 c. à s.
1 litre	bocconcini PRIMO fromage 100 % Parmesan râpé PRIMO	4 tasses

● Dans une casserole, faire chauffer l'huile à feu moyen-vif ; y faire revenir les oignons, le céleri, la carotte, la courgette et l'ail 5 minutes, ou jusqu'à ce qu'ils soient ramollis.

● Ajouter les tomates, le sel, le basilic, l'origan et le poivre ; remuer pour briser les tomates. Incorporer la pâte de tomates et porter à ébullition. Baisser le feu et laisser mijoter à découvert pendant 15 minutes, ou jusqu'à ce que la sauce ait épaissi.

● Dans une casserole remplie d'eau bouillante salée, faire cuire les pâtes pendant 9 à 10 minutes, ou jusqu'à ce qu'elles soient tendres mais encore croquantes.

● Servir les pâtes chaudes, nappées de sauce et saupoudrées de parmesan.

PRÉPARATION : 15 MINUTES
CUISSON : 20 MINUTES
DONNE 4 À 6 PORTIONS

SPAGHETTI AU CHOU-FLEUR

Le chou-fleur donne un goût bien particulier à cette délicieuse recette.

25 ml	huile d'olive 100 % pure PRIMO	2 c. à s.
3	branches de céleri, hachées	3
3	gousses d'ail, hachées finement	3
1	carotte, hachée	1
50 ml	persil italien frais haché	¼ tasse
25 ml	pâte de tomates PRIMO	2 c. à s.
1	pincée de piment fort en flocons	1
1	petit chou-fleur, en petits bouquets	1
500 ml	bouillon de poulet	2 tasses
450 g	spaghetti PRIMO	1 lb

● Dans une casserole, faire chauffer l'huile à feu moyen. Y faire revenir le céleri, l'ail, la carotte et le persil pendant 5 minutes ou jusqu'à ce qu'ils commencent à ramollir. Bien incorporer la pâte de tomates et le piment en flocons ; poursuivre la cuisson 5 minutes.

● Ajouter le chou-fleur et la moitié du bouillon, couvrir et faire cuire 15 minutes. Ajouter le reste du bouillon et poursuivre la cuisson 15 minutes ou jusqu'à ce que le chou-fleur soit très bien cuit.

● Entre-temps, dans une grande casserole remplie d'eau bouillante salée, faire cuire les pâtes pendant 8 à 10 minutes, ou jusqu'à ce qu'elles soient tendres mais encore croquantes.

● Égoutter les pâtes et les mélanger à la sauce au chou-fleur. Servir immédiatement, saupoudré de poivre fraîchement moulu.

PRÉPARATION : 20 MINUTES
CUISSON : 40 MINUTES
DONNE 4 À 6 PORTIONS

Verser la moitié du bouillon sur le chou-fleur ; couvrir et faire cuire 15 minutes.

Ajouter le reste du bouillon et poursuivre la cuisson 15 minutes, ou jusqu'à ce que le chou-fleur soit très bien cuit.

Égoutter les pâtes et les mélanger à la sauce au chou-fleur.

Spaghettini au pesto aux tomates séchées

Le goût des tomates séchées apporte un changement au pesto.

375 g	spaghettini PRIMO	¾ lb
250 ml	tomates séchées, dans l'huile	1 tasse
125 ml	bouillon de poulet	½ tasse
50 ml	fromage 100 % Parmesan râpé PRIMO	¼ tasse
50 ml	huile d'olive 100 % pure PRIMO	¼ tasse
2	gousses d'ail, hachées finement	2
2	oignons verts, hachés finement	2
75 ml	pignons grillés	⅓ tasse

●Dans une grande casserole remplie d'eau bouillante salée, faire cuire les pâtes pendant 6 à 8 minutes, ou jusqu'à ce qu'elles soient tendres mais encore croquantes ; les égoutter.

●Au robot culinaire, hacher finement et bien mélanger les tomates séchées, le bouillon, le parmesan, l'huile et l'ail.

●Bien mélanger les pâtes chaudes, le pesto et les oignons verts. Garnir des pignons grillés et servir.

PRÉPARATION : 10 MINUTES
CUISSON : 8 À 10 MINUTES
DONNE 4 PORTIONS

CURRY DE POIS CHICHES

25 ml	huile végétale **PRIMO**	2 c. à s.
2	oignons, hachés finement	2
2	gousses d'ail, hachées finement	2
10 ml	gingembre frais haché finement	2 c. à t.
5 ml	poudre de curry	1 c. à t.
1	boîte de 796 ml (28 oz) de tomates **PRIMO**, égouttées et concassées	1
1	boîte de 540 ml (19 oz) de pois chiches **PRIMO**, rincés et égouttés	1
125 ml	eau	½ tasse
1 ml	cannelle moulue	¼ c. à t.
1 ml	poivre	¼ c. à t.
50 ml	menthe ou persil frais haché	¼ tasse
15 ml	jus de citron	1 c. à s.
5 ml	piments forts verts, frais et hachés finement	1 c. à t.

• Dans une grande poêle, faire chauffer l'huile à feu moyen-vif. Y faire revenir les oignons, l'ail et le gingembre de 3 à 5 minutes ou jusqu'à ce qu'ils soient tendres et légèrement dorés. Incorporer la poudre de curry et poursuivre la cuisson 1 minute, en remuant continuellement.

• Ajouter les tomates, les pois chiches, l'eau, la cannelle, le poivre, la menthe, le jus de citron et les piments. Bien mélanger et laisser cuire à découvert pendant 10 minutes, ou jusqu'à ce que la préparation ait épaissi. Servir sur du riz basmati ou du couscous.

PRÉPARATION : 15 MINUTES
CUISSON : 15 MINUTES
DONNE 4 PORTIONS

PENNE all'ARRABBIATA

Une sauce tomate piquante authentique à servir en toute occasion.

25 ml	huile d'olive 100 % pure PRIMO	2 c. à s.
1	oignon, haché finement	1
3	gousses d'ail, hachées finement	3
2 ml	piment fort en flocons	½ c. à t.
1	boîte de 796 ml (28 oz) de tomates italiennes PRIMO	1
25 ml	pâte de tomates PRIMO	2 c. à s.
1 litre	penne rigate PRIMO	4 tasses
50 ml	persil frais haché grossièrement	¼ tasse

• Dans une casserole peu profonde, faire chauffer l'huile à feu moyen. Y faire revenir l'oignon pendant 5 minutes ou jusqu'à ce qu'il ait ramolli et qu'il soit doré. Y ajouter l'ail et le piment fort et poursuivre la cuisson 2 minutes. Ajouter les tomates et la pâte de tomates en remuant pour bien mélanger.

• Amener à ébullition à feu moyen. Baisser le feu à doux et laisser mijoter pendant 30 minutes, ou jusqu'à ce que la sauce ait épaissi.

• Entre-temps, dans une grande casserole remplie d'eau bouillante salée, faire cuire les pâtes pendant 8 à 10 minutes, ou jusqu'à ce qu'elles soient tendres mais encore croquantes.

• Égoutter les pâtes et les mélanger à la sauce tomate et au persil. Servir immédiatement.

PRÉPARATION : 10 MINUTES
CUISSON : 40 MINUTES
DONNE 4 À 6 PORTIONS

SPAGHETTI AGLIO e OLIO

SPAGHETTI À L'AIL ET À L'HUILE

Cette recette est un classique italien ; elle peut se préparer en un rien de temps.

450 g	spaghetti PRIMO	1 lb
75 ml	huile d'olive 100 % pure PRIMO	⅓ tasse
4	gousses d'ail, hachées finement	4
1 ml	piment fort en flocons	¼ c. à t.
25 ml	persil frais haché	2 c. à s.
1 ml	sel	¼ c. à t.

• Dans une grande casserole remplie d'eau bouillante salée, faire cuire les pâtes 8 à 10 minutes, ou jusqu'à ce qu'elles soient tendres mais encore croquantes.

• Entre-temps, faire chauffer l'huile d'olive dans une petite poêle et y faire revenir l'ail et le piment fort à feu moyen-doux pendant 4 minutes, ou jusqu'à ce que l'ail soit légèrement doré ; retirer du feu.

• Égoutter les pâtes, les incorporer au mélange à l'huile et y ajouter le persil et le sel. Servir immédiatement.

CONSEIL : veillez à ce que l'ail ne brûle pas ; il deviendrait amer !

PRÉPARATION : 5 MINUTES
CUISSON : 15 MINUTES
DONNE 4 PORTIONS

LINGUINE alla PUTTANESCA

Cette sauce classique nous vient de Rome.

1	boîte de 796 ml (28 oz) de tomates PRIMO	1
25 ml	huile d'olive 100 % pure PRIMO	2 c. à s.
2	filets d'anchois en conserve, égouttés et hachés finement (facultatif)	2
4	gousses d'ail, hachées finement	4
125 ml	olives noires moyennes dénoyautées PRIMO	½ tasse
125 ml	olives manzanilla farcies PRIMO, tranchées	½ tasse
25 ml	câpres égouttées	2 c. à s.
2 ml	piment fort en flocons	½ c. à t.
1 ml	origan séché	¼ c. à t.
1 ml	sel	¼ c. à t.
50 ml	persil italien frais haché	¼ tasse
375 g	linguine PRIMO	¾ lb

●Mettre les tomates et leur jus dans le bol du robot culinaire. Mettre successivement l'appareil en marche, puis l'arrêter plusieurs fois, jusqu'à ce que les tomates soient concassées. Réserver.

●Dans une grande poêle, faire chauffer l'huile d'olive à feu moyen. Ajouter les anchois (si utilisés), l'ail, les olives, les câpres, le piment fort, l'origan et le sel. Faire revenir en remuant pendant 3 minutes, ou jusqu'à ce que l'ail soit tendre. Ajouter les tomates. Laisser cuire 20 minutes, ou jusqu'à ce que la sauce ait épaissi.

●Entre-temps, dans une casserole remplie d'eau bouillante salée, faire cuire les pâtes pendant 6 minutes, ou jusqu'à ce qu'elles soient tendres mais encore croquantes. Les égoutter, les mélanger avec la sauce et le persil et servir immédiatement.

PRÉPARATION : 10 MINUTES
CUISSON : 25 MINUTES
DONNE 4 PORTIONS

LINGUINE AUX OIGNONS CARAMÉLISÉS

50 ml	huile d'olive 100 % pure PRIMO	¼ tasse
2	gros oignons, émincés	2
5 ml	sucre	1 c. à t.
2	tomates italiennes, hachées finement	2
25 ml	basilic frais haché	2 c. à s.
175 ml	bouillon de poulet	¾ tasse
375 g	linguine fines PRIMO	¾ lb
	sel et poivre au goût	

●Dans une poêle, faire chauffer à feu moyen-doux 25 ml (2 c. à s.) d'huile. Y ajouter les oignons, les saupoudrer de sucre, puis les faire cuire doucement de 20 à 25 minutes ou jusqu'à ce qu'ils soient très tendres et qu'ils aient pris la couleur du caramel. Baisser le feu à doux si les oignons ont tendance à brûler avant de caraméliser.

●Incorporer les tomates, le basilic et le bouillon; bien faire réchauffer.

●Entre-temps, dans une grande casserole remplie d'eau bouillante salée, faire cuire les pâtes pendant 8 à 10 minutes, ou jusqu'à ce qu'elles soient tendres mais encore croquantes.

●Égoutter les pâtes et y incorporer le mélange aux oignons. Saler et poivrer. Servir avec un vin blanc sec et du pain frais.

PRÉPARATION : 10 MINUTES
CUISSON : 30 MINUTES
DONNE 4 PORTIONS

ROTINI AUX BETTES, AUX PIGNONS ET AUX RAISINS SECS

1 litre	rotini PRIMO	4 tasses
25 ml	huile d'olive 100 % pure PRIMO	2 c. à s.
4	oignons verts, hachés	4
2 ml	sel	½ c. à t.
2 ml	poivre	½ c. à t.
1 litre	bettes à carde, émincées	4 tasses
75 ml	raisins secs	⅓ tasse
15 ml	vinaigre de vin rouge PRIMO	1 c. à s.
50 ml	pignons grillés	¼ tasse

● Dans une grande casserole remplie d'eau bouillante salée, faire cuire les pâtes de 8 à 10 minutes, ou jusqu'à ce qu'elles soient tendres mais encore croquantes.

● Entre-temps, faire chauffer l'huile dans une poêle, à feu moyen. Y faire revenir les oignons 3 minutes ou jusqu'à ce qu'ils soient ramollis. Saler, poivrer et bien mélanger.

● Incorporer les bettes à carde, les raisins secs et le vinaigre. Poursuivre la cuisson 2 à 3 minutes, ou jusqu'à ce que les bettes commence à ramollir mais soient encore d'un vert brillant.

● Égoutter les pâtes et les mélanger aux bettes et aux pignons. Servir immédiatement.

PRÉPARATION : 10 MINUTES
CUISSON : 10 MINUTES
DONNE 4 PORTIONS

Spaghettini aux aubergines et aux tomates

450 g	aubergines	1 lb
10 ml	sel	2 c. à t.
25 ml	huile végétale PRIMO	2 c. à s.
2	gousses d'ail, hachées finement	2
1	boîte de 796 ml (28 oz) de tomates PRIMO	1
2 ml	piment fort en flocons	½ c. à t.
450 g	spaghettini PRIMO	1 lb
25 ml	persil frais haché	2 c. à s.

• Couper les aubergines d'abord dans le sens de la longueur, puis dans le sens de la largeur en tranches de 5 mm (¼ po) d'épaisseur.

• Saler les tranches d'aubergine, les placer dans une passoire et laisser dégorger pendant 30 minutes. Les presser pour en exprimer toute l'eau, les rincer, les égoutter et les assécher.

• Faire chauffer l'huile dans une poêle, à feu moyen. Y faire revenir les tranches d'aubergine et l'ail pendant 5 minutes, ou jusqu'à ce qu'ils soient ramollis.

• Ajouter les tomates et le piment fort; porter à ébullition. Baisser le feu à moyen-doux et laisser mijoter 10 minutes, ou jusqu'à ce que les aubergines soient tendres mais pas trop molles.

• Entre-temps, dans une casserole remplie d'eau bouillante salée, faire cuire les pâtes pendant 7 minutes, ou jusqu'à ce qu'elles soient tendres mais encore croquantes. Les égoutter, puis les mélanger à la sauce aux aubergines et aux tomates. Garnir de persil et servir.

PRÉPARATION : 5 MINUTES
ÉGOUTTEMENT : 30 MINUTES
CUISSON : 15 MINUTES
DONNE 6 PORTIONS

Saupoudrer les aubergines de sel et les faire dégorger dans une passoire. Presser pour en exprimer tout le liquide.

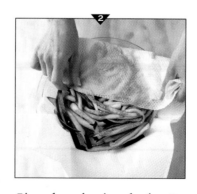

Rincer les aubergines, les égoutter et les assécher.

Ajouter au mélange aux aubergines les tomates et le piment fort; laisser mijoter 10 minutes, ou jusqu'à ce que les aubergines soient tendres.

POLENTA

La polenta accompagne très bien un ragoût
ou une viande braisée à la sauce brune.

1,75 ml	eau	7 tasses
5 ml	sel	1 c. à t.
375 ml	fécule de maïs PRIMO	1½ tasse

• Dans une casserole à fond épais qui ne soit pas en aluminium, à feu moyen vif, porter à ébullition l'eau additionnée de sel. Ajouter très doucement la fécule de maïs en un filet régulier, en fouettant constamment.

• Lorsque toute la fécule de maïs est incorporée, baisser le feu à moyen-doux et faire cuire en fouettant continuellement pendant 20 à 25 minutes. Lorsque la polenta est épaisse, la remuer avec une cuillère en bois.

VARIANTE: faites refroidir la polenta sur une plaque à biscuits, détaillez-la en julienne et faites-la frire légèrement. Parsemez de parmesan râpé et servez. Pour obtenir un goût différent, mélangez tout simplement la polenta avec du beurre et du parmesan.

PRÉPARATION: 5 MINUTES
CUISSON: 35 MINUTES
DONNE 4 PORTIONS

PLATS EN SAUCE VELOUTÉE

FETTUCCINE ALFREDO

*Ce plat classique vient de l'Italie du Nord
et sa préparation ne prend que quelques minutes.*

450 g	fettuccine PRIMO	1 lb
125 ml	crème de table à 18 %	½ tasse
50 ml	beurre	¼ tasse
125 ml	fromage 100 % Parmesan râpé PRIMO	½ tasse
1	pincée de muscade râpée	1

• Dans une grande casserole remplie d'eau bouillante salée, faire cuire les pâtes 7 minutes, ou jusqu'à ce qu'elles soient tendres mais encore croquantes. Les égoutter.

• Entre-temps, dans une casserole, faire chauffer à feu moyen-doux la crème et le beurre pendant 1 minute ou jusqu'à ce que le beurre soit fondu.

• Ajouter les pâtes et bien mélanger. Saupoudrer de parmesan et mélanger. Saupoudrer de muscade et servir immédiatement.

PRÉPARATION : 5 MINUTES
CUISSON : 10 MINUTES
DONNE 4 PORTIONS

FETTUCCINE ALFREDO LÉGER

*Une façon simple et délicieuse de modifier
la recette classique de fettuccine alfredo.*

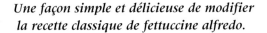

250 ml	fromage ricotta léger	1 tasse
125 ml	fromage 100 % Parmesan râpé PRIMO	½ tasse
125 ml	lait	½ tasse
4 ml	poivre	¾ c. à t.
2 ml	sel	½ c. à t.
450 g	fettuccine PRIMO	1 lb

• Au robot ménager, réduire en purée la ricotta, le parmesan, le lait, le poivre et le sel. Réserver.

• Dans une grande casserole remplie d'eau bouillante salée, faire cuire les pâtes de 8 à 10 minutes, ou jusqu'à ce qu'elles soient tendres mais encore croquantes. Les égoutter, les remettre dans la casserole et y incorporer le mélange à la ricotta.

• Mélanger jusqu'à ce que les pâtes soient chaudes et bien enrobées de sauce.

PRÉPARATION : 5 MINUTES
CUISSON : 10 MINUTES
DONNE 6 PORTIONS

Fettuccine Alfredo

PASTA ai QUATTRO FORMAGGI

PÂTES AUX QUATRE FROMAGES

Accompagnez ce plat d'une salade et vous obtiendrez un délicieux repas.

450 g	mezzani coupés **PRIMO**	1 lb
50 ml	beurre	¼ tasse
50 ml	crème moitié-moitié à 10 %	¼ tasse
50 ml	fromage 100 % Parmesan râpé **PRIMO**	¼ tasse
50 ml	gorgonzola émietté	¼ tasse
125 ml	fromage provolone	½ tasse
125 ml	fromage fontina	½ tasse
2 ml	poivre	½ c. à t.

● Dans une grande casserole remplie d'eau bouillante salée, faire cuire les pâtes de 8 à 10 minutes, ou jusqu'à ce qu'elles soient tendres mais encore croquantes. Les égoutter et réserver.

● Dans la même casserole, faire fondre le beurre à feu doux. Ajouter la crème et les pâtes égouttées ; bien mélanger.

● Ajouter un à un, en remuant continuellement, le parmesan, le gorgonzola, le provolone et la fontina. Sans cesser de remuer, faire cuire jusqu'à ce que les fromages soient fondus.

● Incorporer le poivre et servir immédiatement.

CONSEIL : vous pouvez utiliser n'importe quel fromage dans cette recette, mais assurez-vous qu'il y ait du parmesan et un fromage fort.

PRÉPARATION : 5 MINUTES
CUISSON : 15 MINUTES
DONNE 4 PORTIONS

Pâtes en sauce crémeuse aux tomates et à la vodka

15 ml	huile d'olive 100 % pure PRIMO	1 c. à s.
3	gousses d'ail, hachées finement	3
1	petit oignon, haché finement	1
2	tranches de bacon, hachées finement	2
375 ml	crème à fouetter	1½ tasse
50 ml	vodka	¼ tasse
2 ml	sel	½ c. à t.
2 ml	poivre	½ c. à t.
1	boîte de 156 ml (5,5 oz) de pâte de tomates PRIMO	1
1 litre	penne rigate PRIMO	4 tasses
50 ml	fromage 100 % Parmesan râpé PRIMO	¼ tasse

● Dans une casserole, faire chauffer l'huile à feu moyen. Y faire revenir l'ail, l'oignon et le bacon pendant 5 à 7 minutes ou jusqu'à ce qu'ils soient légèrement dorés.

● Incorporer la crème, la vodka, le sel, le poivre et la pâte de tomates. Baisser le feu et laisser mijoter 10 minutes.

● Entre-temps, dans une grande casserole remplie d'eau bouillante salée, faire cuire les pâtes 11 minutes, ou jusqu'à ce qu'elles soient tendres mais encore croquantes.

● Incorporer 25 ml (2 c. à s.) de parmesan à la sauce tomate. Ajouter les pâtes et mélanger pour bien enrober. Saupoudrer du reste du parmesan et servir.

PRÉPARATION : 10 MINUTES
CUISSON : 20 MINUTES
DONNE 6 PORTIONS

SPAGHETTI alla MOZZARELLA

SPAGHETTI À LA MOZZARELLA

Cette recette mérite d'être préparée avec du basilic et des tomates fraîches!

3	tomates, coupées en cubes	3
375 ml	fromage mozzarella coupé en dés	1½ tasse
2	gousses d'ail, hachées finement	2
125 ml	feuilles de basilic frais, tassées et finement hachées	½ tasse
5 ml	poivre	1 c. à t.
2 ml	sel	½ c. à t.
2	oignons verts, hachés finement	2
50 ml	huile d'olive 100 % pure PRIMO	¼ tasse
375 g	spaghetti PRIMO	¾ lb

● Dans un grand bol, mélanger les tomates, la mozzarella, l'ail, le basilic, le poivre, le sel et les oignons verts. Arroser d'huile et bien mélanger. Laisser reposer 30 minutes.

● Entre-temps, dans une grande casserole remplie d'eau bouillante salée, faire cuire les pâtes de 8 à 10 minutes, ou jusqu'à ce qu'elles soient tendres mais encore croquantes. Les égoutter et les incorporer immédiatement au mélange aux tomates marinées. Servir avec du poivre noir fraîchement moulu.

PRÉPARATION : 10 MINUTES
MARINADE : 30 MINUTES
CUISSON : 10 MINUTES
DONNE 4 PORTIONS

LINGUINE con SALSA al GORGONZOLA

LINGUINE EN SAUCE À LA CRÈME ET AU GORGONZOLA

250 ml	crème de table à 18 %	1 tasse
15 ml	beurre	1 c. à s.
175 g	fromage gorgonzola, émietté	6 oz
2 ml	poivre	½ c. à t.
375 ml	linguine fine PRIMO	¾ lb
50 ml	fromage 100 % Parmesan râpé PRIMO	¼ tasse
50 ml	pacanes grillées et hachées	¼ tasse

● Dans une poêle, faire chauffer à feu moyen-doux la crème, le beurre, le gorgonzola et le poivre. Faire chauffer doucement jusqu'à ce que le fromage soit fondu et bien mélangé à la crème.

● Dans une grande casserole remplie d'eau bouillante salée, faire cuire les pâtes pendant 7 minutes, ou jusqu'à ce qu'elles soient tendres mais encore croquantes. Les égoutter et les mélanger à la sauce au gorgonzola et au parmesan. Garnir des pacanes grillées et servir.

PRÉPARATION : 5 MINUTES
CUISSON : 10 MINUTES
DONNE 4 PORTIONS

Linguine à la sauce aux champignons sauvages

2	paquets de 10 g chacun de champignons porcini (bolets) séchés	2
250 ml	eau chaude	1 tasse
25 ml	beurre	2 c. à s.
125 ml	oignons verts hachés finement	½ tasse
1,5 litre	champignons frais tranchés	6 tasses
15 ml	farine tout-usage	1 c. à s.
5 ml	sel	1 c. à t.
1 ml	poivre noir fraîchement moulu	¼ c. à t.
250 ml	crème à 18 %	1 tasse
450 g	linguine PRIMO	1 lb
50 ml	persil frais haché	¼ tasse

- Faire ramollir les champignons séchés dans l'eau chaude pendant 30 minutes. Égoutter et trancher les champignons en fines lanières; réserver le liquide.

- Dans une grande poêle, faire fondre le beurre à feu moyen-vif. Y faire revenir les oignons verts et les champignons frais 5 minutes, ou jusqu'à ce que les champignons commence à rendre leur jus.

- Baisser le feu à moyen-doux. Ajouter la farine, le sel et le poivre et remuer pendant 1 minute. Ajouter le jus des champignons réservé et laisser cuire à découvert pendant 5 minutes, ou jusqu'à ce que le liquide ait légèrement épaissi.

- Incorporer la crème et poursuivre la cuisson 10 minutes ou jusqu'à ce que la sauce nappe le dos d'une cuillère. Ajouter le persil et les champignons en lanières; mélanger.

- Faire cuire les linguine dans de l'eau bouillante salée, de 8 à 10 minutes. Les égoutter, les mélanger à la sauce et servir.

Préparation : 20 minutes
Attente : 30 minutes
Cuisson : 20 minutes
Donne 4 portions

PLATS MIJOTÉS

OSSO BUCO

25 ml	huile végétale PRIMO	2 c. à s.
900 g	jarrets de veau (environ 5), coupe du centre	2 lb
15 ml	beurre	1 c. à s.
2	carottes, hachées finement	2
2	branches de céleri, hachées finement	2
1	oignon, haché finement	1
1	boîte de 796 ml (28 oz) de tomates PRIMO, égouttées	1
375 ml	bouillon de poulet	1½ tasse
1	feuille de laurier	1
2 ml	*chacun* des ingrédients suivants: sel, poivre, basilic et thym séchés	½ c. à t.
75 ml	persil frais haché finement	⅓ tasse
2	gousses d'ail, hachées finement	2
1 litre	gnocchi PRIMO	4 tasses
	zeste de 1 citron, haché finement	

● Dans une grande casserole à fond épais, faire chauffer l'huile à feu moyen-vif. Y faire dorer la viande en plusieurs étapes, environ 1 minute de chaque côté. Retirer de la casserole et réserver.

● Mettre le beurre dans la casserole, baisser le feu à moyen et y faire cuire les carottes, le céleri et l'oignon pendant 15 minutes, ou jusqu'à ce qu'ils aient ramolli et commencé à dorer, en remuant de temps en temps.

● Ajouter les tomates, le bouillon, le laurier, le sel, le poivre, le basilic, le thym et les jarrets de veau dorés; amener à ébullition. Baisser le feu à doux, couvrir et faire cuire pendant 2 heures ou jusqu'à ce que la viande soit très tendre.

● Mélanger le persil, l'ail et le zeste de citron; réserver.

● Entre-temps, dans une grande casserole remplie d'eau bouillante salée, faire cuire les pâtes de 8 à 10 minutes, ou jusqu'à ce qu'elles soient tendres mais encore croquantes; les égoutter.

● Servir l'osso buco sur les gnocchi, parsemé du mélange au persil.

NOTE: le mélange persil, ail et zeste de citron que l'on parsème sur l'osso buco s'appelle gremolata.

PRÉPARATION: 10 MINUTES
CUISSON: 2 HEURES 20 MINUTES
DONNE 4 PORTIONS

POLLO alla CACCIATORA

POULET CHASSEUR

*Un plat italien très robuste dont il existe autant
de versions que de cuisiniers.*

15 ml	huile végétale PRIMO	1 c. à s.
6	cuisses de poulet, sans la peau	6
1	pincée de sel	1
1	pincée de poivre	1
1	gros oignon, haché	1
2	carottes, tranchées	2
2	branches de céleri, tranchées	2
375 ml	champignons frais tranchés	1½ tasse
250 ml	poivron vert haché	1 tasse
3	gousses d'ail, hachées finement	3
2 ml	basilic séché	½ c. à t.
2 ml	origan séché	½ c. à t.
1 ml	piment fort en flocons	¼ c. à t.
50 ml	vin blanc (facultatif)	¼ tasse
1	boîte de 796 ml (28 oz) de tomates PRIMO	1
25 ml	pâte de tomates PRIMO	2 c. à s.
50 ml	persil frais haché	¼ tasse
450 g	spaghetti PRIMO	1 lb

◆ Dans une cocotte allant au four, faire chauffer l'huile à feu moyen-vif. Saupoudrer uniformément les cuisses de poulet de sel et de poivre, puis les faire dorer 4 minutes de chaque côté. Retirer le poulet de la cocotte et réserver.

◆ Baisser le feu à moyen et faire cuire l'oignon, les carottes, le céleri, les champignons, les poivrons verts et l'ail pendant 10 minutes, ou jusqu'à ce que les carottes soient presque tendres.

◆ Incorporer le basilic, l'origan et le piment fort; poursuivre la cuisson 1 minute, en remuant.

◆ Incorporer le vin, les tomates et la pâte de tomates. Remettre le poulet dans la cocotte. Porter à ébullition à feu moyen, baisser le feu à doux, couvrir et laisser cuire pendant 20 minutes, en remuant de temps en temps. Enlever le couvercle et poursuivre la cuisson pendant 15 minutes, ou jusqu'à ce que la sauce ait légèrement épaissi. Incorporer le persil.

◆ Entre-temps, dans une grande casserole remplie d'eau bouillante salée, faire cuire les pâtes de 8 à 10 minutes, ou jusqu'à ce qu'elles soient tendres mais encore croquantes. Les égoutter, puis les mélanger avec 250 ml (1 tasse) de sauce. Dresser les pâtes dans un plat de service, les couvrir du reste de la sauce et du poulet et servir.

PRÉPARATION : 20 MINUTES
CUISSON : 55 MINUTES
DONNE 6 PORTIONS

SALSA per SPAGHETTI CASERECCIA

SAUCE À SPAGHETTI MAISON

675 g	bœuf haché maigre	1½ lb
1	gros oignon, haché	1
1	poivron vert, haché	1
5	gousses d'ail, hachées	5
250 ml	champignons tranchés	1 tasse
10 ml	basilic séché	2 c. à t.
10 ml	origan séché	2 c. à t.
2 ml	thym séché	½ c. à t.
2 ml	romarin séché	½ c. à t.
2	feuilles de laurier	2
1	boîte de 796 ml (28 oz) de tomates PRIMO	1
1	boîte de 398 ml (14 oz) de sauce tomate PRIMO	1
2	boîtes de 156 ml (5 ½ oz) *chacune* de pâte de tomates PRIMO	2
50 ml	vin rouge	¼ tasse
25 ml	fromage 100 % Parmesan râpé PRIMO	2 c. à s.
10 ml	sucre granulé	2 c. à t.
450 g	spaghetti PRIMO	1 lb
	fromage 100 % Parmesan râpé PRIMO	

• Dans une grande casserole, faire revenir à feu moyen-vif le bœuf haché.

• Baisser le feu à moyen; ajouter l'oignon, le poivron vert, l'ail et les champignons. Laisser cuire 10 minutes, ou jusqu'à ce que les légumes soient ramollis. Incorporer le basilic, l'origan, le thym, le romarin et le laurier. Poursuivre la cuisson 1 minute.

• Ajouter les tomates, la sauce tomate, la pâte de tomates, le vin, le parmesan et le sucre. Porter à ébullition à feu moyen. Baisser le feu et laisser mijoter 45 minutes, ou jusqu'à ce que la sauce ait épaissi et que la viande soit tendre.

• Entre-temps, dans une grande casserole remplie d'eau bouillante salée, faire cuire les pâtes de 8 à 10 minutes, ou jusqu'à ce qu'elles soient tendres mais encore croquantes; les égoutter.

• Retirer la feuille de laurier et verser la sauce sur les pâtes chaudes. Saupoudrer de parmesan et servir.

PRÉPARATION : 20 MINUTES
CUISSON : 60 MINUTES
DONNE 6 PORTIONS

RAGOÛT DE BŒUF AUX POIVRONS

25 ml	farine tout usage	2 c. à s.
4 ml	sel	¾ c. à t.
4 ml	poivre	¾ c. à t.
675 g	bœuf à ragoût, dégraissé	1½ lb
25 ml	huile végétale PRIMO	2 c. à s.
2	gros oignons, coupés en quatre	2
4	gousses d'ail, émincées	4
1	grosse carotte, tranchée	1
2 ml	basilic séché	½ c. à t.
2 ml	origan séché	½ c. à t.
1	feuille de laurier	1
1	boîte de 796 ml (28 oz) de tomates PRIMO	1
125 ml	vin rouge	½ tasse
50 ml	pâte de tomates PRIMO	¼ tasse
1	poivron rouge, coupé en cubes	1
1	poivron vert, coupé en cubes	1
50 ml	persil frais haché	¼ tasse

• Mélanger la farine avec 1 ml (¼ c. à t.) de sel et de poivre; en enrober la viande.

• Dans une casserole, faire dorer la viande dans 15 ml (1 c. à s.) d'huile, la retirer et réserver.

• Dans la même casserole, faire cuire l'oignon, l'ail et la carotte 5 minutes, ou jusqu'à ce que l'oignon et l'ail soient ramollis. Ajouter le reste du sel et du poivre, le basilic, l'origan et le laurier. Poursuivre la cuisson 1 minute, en remuant. Bien incorporer les tomates, le vin rouge et la pâte de tomates. Ajouter le bœuf.

• Porter à ébullition. Couvrir et laisser cuire 1 heure à feu doux, ou jusqu'à ce que le bœuf soit tendre, en remuant de temps en temps. Incorporer les poivrons et poursuivre la cuisson à découvert de 45 à 60 minutes, ou jusqu'à ce que les poivrons soient tendres.

• Retirer la casserole du feu; y incorporer le persil. Servir sur des nouilles aux œufs, de la polenta ou du riz cuit à l'étuvée.

PRÉPARATION : 20 MINUTES
CUISSON : 2 HEURES
DONNE 6 PORTIONS

SPAGHETTI AUX BOULETTES DE VIANDE

Cette recette préparée avec du poulet est surprenante!

BOULETTES DE VIANDE :

450 g	poulet haché	1 lb
1	petit oignon, haché finement	1
2 ml	sel	½ c. à t.
1 ml	poivre	¼ c. à t.
25 ml	huile végétale PRIMO	2 c. à s.

SAUCE TOMATE :

1	oignon, haché	1
2	gousses d'ail, hachées finement	2
1	boîte de 796 ml (28 oz) de tomates PRIMO, écrasées	1
1	boîte de 398 ml (14 oz) de sauce tomate PRIMO	1
25 ml	pâte de tomates PRIMO	2 c. à s.
5 ml	origan séché	1 c. à t.
2 ml	basilic séché	½ c. à t.
50 ml	persil frais haché	¼ tasse
450 g	spaghetti PRIMO	1 lb
125 ml	cheddar râpé	½ tasse

● Mélanger le poulet, l'oignon, le sel et le poivre ; façonner en boulettes.

● Dans une grande casserole, faire chauffer l'huile à feu moyen-vif. Y faire revenir les boulettes de viande en deux fois, de 5 à 7 minutes chaque fois ou jusqu'à ce qu'elles soient bien dorées. Les retirer de la casserole, les déposer sur du papier absorbant et réserver.

● Dans la même casserole, faire revenir à feu moyen l'oignon et l'ail de 3 à 5 minutes, ou jusqu'à ce qu'ils soient tendres. Incorporer les tomates, la sauce tomate, la pâte de tomates, l'origan et le basilic ; porter à ébullition à feu moyen. Baisser le feu et laisser mijoter pendant 35 minutes ou jusqu'à ce que la sauce ait épaissi.

● Ajouter le persil et les boulettes de viande et poursuivre la cuisson pendant 10 minutes, ou jusqu'à ce que les boulettes de viande soient cuites.

● Entre-temps, dans une grande casserole remplie d'eau bouillante salée, faire cuire les pâtes de 8 à 10 minutes, ou jusqu'à ce qu'elles soient tendres mais encore croquantes ; les égoutter. Couvrir les pâtes de la sauce et des boulettes de viande. Saupoudrer de fromage et servir immédiatement.

PRÉPARATION : 20 MINUTES
CUISSON : 60 MINUTES
DONNE 6 PORTIONS

Les cuisses – Pousser la cuisse vers l'arrière pour dégager l'articulation; avec un couteau bien aiguisé, trancher la cuisse au niveau de l'articulation et la retirer.

Le dos – Avec des ciseaux de cuisine ou un couteau bien aiguisé, couper à travers les côtes, de chaque côté de la colonne vertébrale.

Les demi-poitrines – Aplatir la poitrine de poulet contre un plan de travail pour briser l'os de la poitrine. Couper l'os pour obtenir deux moitiés. Couper la pointe des ailes. Couper chaque demi-poitrine en biais.

Coq au VIN

Ce classique français est simple à préparer et réconfortant.

250 ml	petits oignons blancs	1 tasse
15 ml	huile végétale PRIMO	1 c. à s.
45 ml	beurre	3 c. à s.
3	tranches de bacon, hachées finement	3
625 ml	champignons coupés en quatre	2½ tasses
1	poulet de 1,8 kg (4 lb), coupé en 8 morceaux	1
50 ml	farine	¼ tasse
750 ml	vin blanc sec	3 tasses
450 g	fettuccine PRIMO	1 lb
50 ml	persil frais haché sel et poivre	¼ tasse

●Faire blanchir les petits oignons dans de l'eau bouillante; les passer sous l'eau froide et les éplucher. Couper les extrémités et réserver.

●Dans une grande casserole, faire chauffer à feu moyen-vif l'huile et 15 ml (1 c. à s.) de beurre; y faire revenir le bacon pendant 2 minutes ou jusqu'à ce qu'il soit doré, en remuant.

●Ajouter les petits oignons et les champignons et faire cuire pendant 5 minutes ou jusqu'à ce qu'ils soient dorés. Retirer le bacon et les légumes.

●Saler et poivrer les morceaux de poulet, puis les faire dorer par petites quantités environ 1½ minute de chaque côté; les retirer de la casserole et réserver.

●Baisser le feu à moyen-doux et faire fondre le reste du beurre dans la casserole. Ajouter la farine et faire cuire 1 minute en remuant. Sans cesser de remuer, ajouter graduellement le vin. Monter le feu à moyen et faire cuire, en remuant, jusqu'à ce que le mélange arrive à ébullition.

●Remettre les cuisses de poulet, le bacon, les oignons et les champignons dans la casserole. Baisser le feu à doux, couvrir et poursuivre la cuisson 30 minutes. Ajouter les morceaux de poitrine de poulet, couvrir et poursuivre la cuisson 30 minutes.

●Entre-temps, dans une grande casserole remplie d'eau bouillante salée, faire cuire les pâtes de 8 à 10 minutes, ou jusqu'à ce qu'elles soient tendres mais encore croquantes; les égoutter.

●Verser le coq au vin sur les pâtes, parsemer de persil et servir.

CONSEIL: vous pouvez remplacer le poulet entier par 2 paquets de poulet en morceaux de 900 g (2 lb) chacun.

PRÉPARATION: 15 MINUTES
CUISSON: 1 HEURE 20 MINUTES
DONNE 4 À 6 PORTIONS

STIFADO

RAGOÛT DE BŒUF À LA GRECQUE

75 ml	huile végétale PRIMO	⅓ tasse
900 g	bœuf à ragoût, paré et coupé en cubes	2 lb
2	oignons, hachés	2
3	gousses d'ail, hachées finement	3
1	boîte de 796 ml (28 oz) de tomates PRIMO, écrasées	1
5 ml	cannelle moulue	1 c. à t.
5 ml	origan séché	1 c. à t.
1 ml	piment fort en flocons	¼ c. à t.
3	carottes, tranchées	3
3	pommes de terre, épluchées et coupées en cubes	3
45 ml	jus de citron	3 c. à s.
1	boîte de 540 ml (19 oz) de haricots rouges PRIMO, rincés et égouttés	1
1	paquet de 375 g de nouilles aux œufs moyennes PRIMO	1
	sel et poivre au goût	

●Dans une grande casserole, faire chauffer à feu moyen-vif 50 ml (¼ tasse) d'huile végétale. Y faire revenir le bœuf par petites quantités pendant 2 minutes ou jusqu'à ce qu'il soit bien doré sur toutes les faces; réserver.

●Baisser le feu à moyen et ajouter le reste de l'huile. Y faire cuire les oignons et l'ail pendant 3 minutes ou jusqu'à ce qu'ils soient ramollis.

●Remettre le bœuf dans la casserole avec les tomates, la cannelle, l'origan et le piment fort. Porter à ébullition, baisser le feu à doux, couvrir et laisser mijoter pendant 1 heure.

●Ajouter les carottes et couvrir. Faire cuire 25 minutes, en remuant de temps en temps. Ajouter les pommes de terre, couvrir et poursuivre la cuisson 25 minutes. Incorporer le jus de citron et les haricots rouges.

●Entre-temps, dans une grande casserole remplie d'eau bouillante salée, faire cuire les nouilles pendant 20 minutes, ou jusqu'à ce qu'elles soient tendres. Les égoutter, les garnir de stifado et servir.

SUGGESTION: pour faire cuire à feu vif, utiliser de l'huile végétale au lieu de l'huile d'olive. L'huile d'olive fume et s'enflamme à une température moins élevée que l'huile végétale.

PRÉPARATION : 15 MINUTES
CUISSON : 2 HEURES 10 MINUTES
DONNE 6 PORTIONS

SAUCE BOLOGNAISE

15 ml	huile d'olive 100 % pure PRIMO	1 c. à s.
2	carottes, hachées	2
2	branches de céleri, hachées	2
1	oignon, haché	1
450 g	bœuf haché maigre	1 lb
2 ml	sel	½ c. à t.
2 ml	poivre	½ c. à t.
250 ml	vin sec, rouge ou blanc	1 tasse
1	boîte de 796 ml (28 oz) de tomates PRIMO	1
1	feuille de laurier	1
1	piment fort rouge entier et séché	1
1	pincée de muscade moulue	1
25 ml	crème à 18 %	2 c. à s.
450 g	rigatoni PRIMO	1 lb
	fromage 100 % Parmesan râpé PRIMO	

• Dans une grande casserole, faire chauffer l'huile à feu moyen. Y faire légèrement dorer les carottes, le céleri et l'oignon, environ 10 minutes. Remuer de temps en temps.

• Ajouter le bœuf, le sel et le poivre; faire cuire en remuant pendant 5 minutes, ou jusqu'à ce que la viande ait perdu sa teinte rosée. Mouiller avec le vin et faire cuire pendant 10 minutes, ou jusqu'à ce que le liquide soit presque évaporé, en remuant de temps en temps.

• Ajouter les tomates, le laurier, le piment fort, la muscade et la crème; porter à ébullition. Poursuivre la cuisson à feu doux 2 heures, en remuant de temps en temps.

• Faire cuire les pâtes dans de l'eau bouillante salée de 12 à 14 minutes. Égoutter, napper de sauce, saupoudrer de parmesan et servir.

PRÉPARATION : 10 MINUTES
CUISSON : 2 HEURES 30 MINUTES
DONNE 6 PORTIONS

PLATS AU FOUR

LASAGNE AUX FRUITS DE MER

12	lasagne PRIMO	12
1	contenant de 475 g de ricotta léger	1
125 ml	fromage 100 % Parmesan râpé PRIMO	½ tasse
75 ml	crème à 18 %	⅓ tasse
125 ml	beurre	½ tasse
500 ml	fenouil haché	2 tasses
1	oignon, haché	1
125 ml	farine tout usage	½ tasse
1 litre	lait	4 tasses
450 g	fruits de mer cuits (crevettes, pétoncles, homard, palourdes ou moules)	1 lb
250 ml	fromage mozzarella, râpé	1 tasse

• Dans une grande casserole remplie d'eau bouillante salée, faire cuire les lasagne de 10 à 12 minutes, ou jusqu'à ce qu'elles soient tendres. Les rincer à l'eau froide, les égoutter et réserver.

• Dans un bol, mélanger la ricotta, le parmesan et la crème; réserver.

• Dans une grande casserole à fond épais, faire fondre le beurre à feu moyen. Ajouter le fenouil et l'oignon; baisser le feu à moyen-doux. Couvrir et faire cuire 10 minutes, ou jusqu'à ce que l'oignon et le fenouil soient ramollis. Ajouter la farine et faire cuire 1 minute, en remuant. Au fouet, incorporer graduellement le lait.

• À feu moyen, amener le mélange à ébullition en remuant continuellement. Baisser le feu à doux et laisser mijoter pendant 10 minutes ou jusqu'à ce que le mélange ait épaissi; remuer de temps à autre. Réserver 250 ml (1 tasse) de sauce. Ajouter les fruits de mer à la sauce qui mijote et, sans cesser de remuer, faire cuire 30 secondes, ou jusqu'à ce que les fruits de mer soient réchauffés.

• Étaler 50 ml (¼ tasse) de la sauce blanche réservée au fond d'un plat allant au four de 3 litres (9 po sur 13 po). Étaler 3 lasagne sur la sauce. Répartir la moitié de la sauce aux fruits de mer sur les lasagne. Couvrir de 3 lasagne.

• Étaler uniformément tout le mélange à la ricotta sur les lasagne. Couvrir de 3 lasagne. Napper avec le reste de la sauce aux fruits de mer. Recouvrir des 3 dernières lasagne. Napper avec les 175 ml (¾ tasse) de sauce blanche qui restent; saupoudrer de mozzarella.

• Faire cuire au four à 180 °C (375 °F) pendant 25 minutes, ou jusqu'à ce que le plat soit bien chaud et la mozzarella, fondue.

PRÉPARATION : 20 MINUTES
CUISSON : 1 HEURE
DONNE 12 PORTIONS

POULET TETTRAZINI

25 ml	beurre	2 c. à s.
1	oignon, haché	1
3	gousses d'ail, hachées finement	3
2	branches de céleri, tranchées	2
750 ml	champignons, tranchés	3 tasses
2 ml	*chacun* des ingrédients suivants: sel, poivre et thym séché	½ c. à t.
1	pincée de poivre de Cayenne	1
50 ml	farine tout usage.	¼ tasse
500 ml	lait	2 tasses
375 ml	bouillon de poulet	1½ tasse
125 ml	vin blanc	½ tasse
1	paquet de 375 g de nouilles aux œufs larges PRIMO	1
1 litre	poulet cuit haché, ou dinde	4 tasses
75 ml	persil frais, haché	⅓ tasse
75 ml	fromage 100 % Parmesan râpé PRIMO	⅓ tasse
250 ml	chapelure	1 tasse
25 ml	amandes hachées	2 c. à s.

• Dans une grande casserole à fond épais, faire fondre à feu moyen 15 ml (1 c. à s.) de beurre. Y faire cuire l'oignon, 2 gousses d'ail et le céleri pendant 5 à 7 minutes ou jusqu'à ce qu'ils soient ramollis. Incorporer les champignons, le sel, le poivre, le thym et le poivre de Cayenne; faire cuire 10 à 12 minutes ou jusqu'à ce que les champignons rejettent leur jus.

• Ajouter la farine et faire cuire 1 minute, en remuant. Incorporer au fouet le lait, le bouillon et le vin jusqu'à ce qu'il n'y ait plus de grumeaux. En fouettant souvent, poursuivre la cuisson de 12 à 15 minutes ou jusqu'à ce que la sauce ait épaissi et arrive à ébullition.

• Entre-temps, dans une grande casserole remplie d'eau bouillante salée, faire cuire les pâtes de 8 à 9 minutes ou jusqu'à ce qu'elles soient tendres. Les égoutter et les ajouter à la sauce aux champignons avec le poulet, 50 ml (¼ tasse) de persil et 50 ml (¼ tasse) de parmesan. Verser dans un plat de 3 litres (13 po sur 9 po) allant au four.

• Dans une petite poêle, faire fondre à feu doux le reste du beurre. Y faire revenir le reste de l'ail pendant 2 minutes. Ajouter la chapelure et le reste du persil; bien mélanger pour enrober.

• Répartir le mélange à la chapelure sur le tettrazini, dans le plat allant au four. Faire cuire au four à 180 °C (350 °F) pendant 30 minutes ou jusqu'à ce que le tettrazini fasse des bulles et que la chapelure soit dorée.

CONSEIL: ce plat peut se préparer à l'avance. Il se garde 1 journée au réfrigérateur et jusqu'à 2 semaines au congélateur. S'il est congelé, les faire dégeler au réfrigérateur de 24 à 48 heures.

PRÉPARATION: 1 HEURE
CUISSON: 1 HEURE 10 MINUTES
DONNE 8 À 10 PORTIONS

POLENTA PASTICCIATA

POLENTA AUX SAUCISSES ET AU FROMAGE

POLENTA :

1,75 litre	eau	7 tasses
1	petit oignon, haché finement	1
5 ml	sel	1 c. à t.
375 ml	farine de maïs PRIMO	1½ tasse
50 ml	fromage 100 % Parmesan râpé PRIMO	¼ tasse

SAUCISSES :

15 ml	huile d'olive 100 % pure PRIMO	1 c. à s.
1	oignon, haché finement	1
1	boîte de 796 ml (28 oz) de tomates PRIMO, en purée	1
50 ml	basilic frais haché ou 10 ml (2 c. à t.) de basilic séché	¼ tasse
450 g	saucisses italiennes, coupées en tranches de 5 mm (¼ po) d'épaisseur	1 lb
2 ml	poivre	½ c. à t.
125 ml	fromage 100 % Parmesan râpé PRIMO	½ tasse

- Dans une grande casserole, à feu moyen-vif, amener à ébullition l'eau additionnée de l'oignon et du sel. Ajouter doucement la farine de maïs, en un mince filet, en fouettant continuellement.

- Baisser le feu à moyen-doux et faire cuire en remuant continuellement pendant 20 à 25 minutes ou jusqu'à ce que la polenta épaississe. Incorporer le parmesan. Verser la moitié de la polenta dans un plat de 2 litres (11 po sur 7 po) allant au four, graissé, et verser le reste sur une plaque allant au four de 13 po sur 9 po, ayant un bord et graissée. Laisser refroidir.

- Dans une casserole peu profonde, faire chauffer l'huile à feu moyen. Y faire revenir l'oignon 3 à 5 minutes ou jusqu'à ce qu'il soit ramolli. Incorporer les tomates, le basilic, les saucisses et le poivre ; porter à ébullition à feu moyen. Baisser le feu à moyen-doux et laisser mijoter 30 minutes, ou jusqu'à ce que la sauce ait épaissi. Retirer du feu.

- Répartir la moitié de la sauce à la saucisse sur la polenta dans le plat allant au four. Saupoudrer de 50 ml (¼ tasse) de parmesan. Couper la polenta de la plaque allant au four et la mettre sur la sauce à la saucisse. Verser le reste de la sauce sur la polenta. Couper le reste de la polenta en triangles et les disposer sur le dessus. Saupoudrer du reste de parmesan.

- Faire cuire au four à 180 °C (350 °F) pendant 30 à 35 minutes, ou jusqu'à ce que la polenta et la sauce soient chaudes et qu'elles bouillonnent. Laisser reposer 10 minutes avant de servir.

PRÉPARATION : 20 MINUTES
CUISSON : 1 HEURE
CUISSON AU FOUR : 30 À 35 MINUTES
DONNE 6 PORTIONS

CASSEROLE DE PÂTES TEX-MEX

Un plat coloré et savoureux, idéal pour un repas entre amis.

225 g	saucisses italiennes épicées, tranchées	½ lb
1	gros oignon, haché	1
½	poivron vert, haché	½
2	gousses d'ail, hachées finement	2
10 ml	poudre de chili	2 c. à t.
2 ml	cumin moulu	½ c. à t.
2 ml	origan séché	½ c. à t.
1	pincée de piment fort en flocons	1
2	boîtes de 398 ml (14 oz) de sauce tomates PRIMO	2
1 litre	rotini PRIMO	4 tasses
250 ml	cheddar fort râpé	1 tasse
250 ml	maïs en grains	1 tasse
175 ml	olives noires dénoyautées PRIMO, tranchées	¾ tasse
1	boîte de 540 ml (19 oz) de haricots rouges PRIMO, rincés et égouttés	1
50 ml	persil frais haché	¼ tasse

— • —

● Dans une poêle à revêtement antiadhésif, faire dorer les rondelles de saucisse à feu moyen-vif. Retirer du feu et réserver.

● Baisser le feu à moyen sous la poêle ; y faire revenir l'oignon, le poivron vert et l'ail pendant 5 minutes ou jusqu'à ce qu'ils aient ramolli. Incorporer la poudre de chili, le cumin, l'origan et le piment fort ; faire cuire 1 minute. Ajouter la sauce tomates et bien mélanger. Amener à ébullition, baisser le feu à doux et laisser mijoter 15 minutes.

● Entre-temps, dans une grande casserole remplie d'eau bouillante salée, faire cuire les pâtes de 8 à 10 minutes, ou jusqu'à ce qu'elles soient tendres mais encore croquantes ; les égoutter.

● Dans un grand bol, mélanger la sauce tomates, les pâtes, 175 ml (¾ tasse) de cheddar, le maïs, les olives, les haricots rouges, la saucisse cuite et le persil. Avec une cuillère, disposer dans un plat allant au four, puis saupoudrer du reste de cheddar.

● Couvrir et faire cuire au four à 180 °C (350 °F) pendant 25 minutes. Découvrir et poursuivre la cuisson 10 minutes ou jusqu'à ce que le plat soit bien chaud.

CONSEIL : remplacez le maïs en grains par 12 épis de maïs miniatures, si désiré.

PRÉPARATION : 20 MINUTES
CUISSON : 20 MINUTES
CUISSON AU FOUR : 35 MINUTES
DONNE 6 À 8 PORTIONS

ROULEAUX DE LASAGNE

Les rouleaux de lasagne sont parfaits pour un buffet.

225 g	chair à saucisses italiennes	½ lb
1	oignon, haché	1
2	gousses d'ail, hachées finement	2
1	boîte de 796 ml (28 oz) de tomates PRIMO, écrasées	1
25 ml	pâte de tomates PRIMO	2 c. à s.
5 ml	origan séché	1 c. à t.
2 ml	basilic séché	½ c. à t.
10	lasagne PRIMO	10
1	paquet de 300 g d'épinards surgelés hachés, décongelés et bien égouttés	1
500 ml	ricotta	2 tasses
125 ml	fromage 100 % Parmesan râpé PRIMO	½ tasse
375 ml	fromage mozzarella râpé	1½ tasse
1	œuf	1
2 ml	sel	½ c. à t.
1 ml	poivre	¼ c. à t.

●Dans une poêle, à feu vif, faire dorer la chair à saucisses, en brisant les gros morceaux et en jetant le gras s'il y a lieu.

●Baisser le feu à moyen, puis ajouter l'oignon et l'ail; poursuivre la cuisson 3 minutes, ou jusqu'à ce qu'ils aient ramolli.

●Incorporer les tomates, la pâte de tomates, l'origan et le basilic; amener à ébullition à feu moyen. Baisser le feu et laisser mijoter 15 minutes ou jusqu'à ce que la sauce ait légèrement épaissi. Retirer la poêle du feu et réserver.

●Entre-temps, dans une grande casserole remplie d'eau bouillante salée, faire cuire les lasagne de 14 à 16 minutes, ou jusqu'à ce qu'elle soient tendres mais encore croquantes. Les passer sous l'eau froide, les égoutter et réserver.

●Dans un bol, bien mélanger les épinards, la ricotta, le parmesan, 250 ml (1 tasse) de mozzarella, l'œuf, le sel et le poivre.

●Étaler 125 ml (½ tasse) de sauce tomate au fond d'un plat de 2 litres (11 po sur 7 po) allant au four.

●Diviser le mélange à la ricotta et l'étaler sur les lasagne. Déposer 15 ml (1 c. à s.) de sauce tomate au milieu. Rouler les lasagne comme pour un gâteau roulé; les placer dans le plat de sorte qu'elles se déroulent pas.

●Étaler uniformément le reste de la sauce sur les rouleaux de lasagne, puis saupoudrer du reste de la mozzarella. Faire cuire au four à 180 °C (350 °F) pendant 30 à 35 minutes, ou jusqu'à ce que le plat soit chaud et qu'il bouillonne. Servir 1 rouleau par personne.

PRÉPARATION : 30 MINUTES
CUISSON : 25 MINUTES
CUISSON AU FOUR : 30 À 40 MINUTES
DONNE 8 À 10 PORTIONS

Dans un grand bol, mélanger les
pâtes, le pesto et l'oignon cuit.

Vider la cavité du poulet, puis la
farcir du mélange aux pâtes.

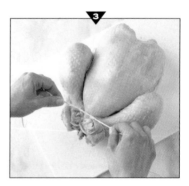

Trousser le poulet avec une ficelle;
le badigeonner avec le reste d'huile
d'olive, le sel et le poivre.

POULET FARCI AUX PÂTES

Rien n'égale l'odeur d'un poulet rôti!

500 ml	feuilles de basilic frais tassées	2 tasses
4	gousses d'ail, hachées finement	4
50 ml	pignons, grillés	¼ tasse
5 ml	sel	1 c. à t.
1 ml	poivre	¼ c. à t.
125 ml	huile d'olive 100 % pure PRIMO	½ tasse
125 ml	fromage 100 % Parmesan râpé PRIMO	½ tasse
375 ml	macaroni PRIMO	1½ tasse
25 ml	huile d'olive 100 % pure PRIMO	2 c. à s.
1	oignon, haché	1
1	poulet de 2,2 kg (5 lb) sel et poivre	1

• Au robot culinaire, hacher finement le basilic, l'ail, les pignons, le sel et le poivre; ajouter graduellement l'huile d'olive et mélanger jusqu'à ce que la préparation soit lisse. Ajouter le parmesan et mettre l'appareil en marche, puis l'arrêter successivement plusieurs fois jusqu'à ce que le mélange soit parfaitement homogène.

• Dans une casserole remplie d'eau bouillante salée, faire cuire les pâtes de 8 à 10 minutes, ou jusqu'à ce qu'elles soient tendres mais encore croquantes; les égoutter et les mélanger au pesto.

• Dans une poêle, faire chauffer à feu moyen 15 ml (1 c. à s.) d'huile d'olive; y faire revenir l'oignon pendant 3 minutes ou jusqu'à ce qu'il ait ramolli; l'incorporer aux pâtes.

• Préchauffer le four à 230 °C (450 °F). Vider la cavité du poulet, s'il y a lieu, puis la farcir du mélange aux pâtes. Trousser le poulet, le badigeonner d'huile d'olive, le saler et le poivrer.

• Mettre le poulet sur une grille dans la rôtissoire. Le faire rôtir au four, à découvert, pendant 30 minutes, puis baisser la température du four à 200 °C (400 °F) et poursuivre la cuisson pendant 1 heure.

• Vérifier la cuisson en piquant une cuisse à l'endroit le plus épais; il devrait s'en écouler un jus clair (85 °C/185 °F au thermomètre). Laisser reposer le poulet pendant 10 minutes avant de le découper.

PRÉPARATION : 20 MINUTES
CUISSON : 15 MINUTES
RÔTISSAGE : 1 HEURE 30 MINUTES
DONNE 4 PORTIONS

Manicotti à la suisse

8	manicotti PRIMO	8
50 ml	beurre	¼ tasse
500 ml	champignons frais hachés finement	2 tasses
4	oignons verts, hachés finement	4
1	gousse d'ail, hachée finement	1
500 ml	poulet cuit, haché finement ou dinde	2 tasses
500 ml	fromage suisse râpé	2 tasses
50 ml	fromage 100 % Parmesan râpé PRIMO	¼ tasse
4 ml	poivre	¾ c. à t.
1	œuf	1
25 ml	farine tout usage	2 c. à s.
500 ml	lait	2 tasses
50 ml	vin blanc (facultatif)	¼ tasse
5 ml	moutarde forte	1 c. à t.
2 ml	sel	½ c. à t.

———•———

• Dans une grande casserole remplie d'eau bouillante salée, faire cuire les manicotti de 16 à 18 minutes ou jusqu'à ce qu'ils soient tendres. Les égoutter, les placer dans un bol d'eau froide, les égoutter de nouveau et réserver.

• Entre-temps, dans une casserole à fond épais, faire fondre à feu moyen 25 ml (2 c. à s.) de beurre. Y faire revenir les champignons, les oignons verts et l'ail pendant environ 3 minutes, ou jusqu'à ce que les champignons commencent à rendre leur jus. Retirer du feu.

• Dans un grand bol, mélanger la préparation aux champignons, le poulet, 125 ml (½ tasse) de fromage suisse, le parmesan et 1 ml (¼ de c. à t.) de poivre. Lorsque le mélange est refroidi, incorporer l'œuf et réserver.

• Dans la casserole, faire fondre à feu moyen le reste du beurre. Ajouter la farine et faire cuire pendant 1 minute, en remuant constamment.

• Ajouter graduellement le lait en fouettant; amener à ébullition à feu moyen, sans cesser de fouetter. Retirer du feu et incorporer au fouet 250 ml (1 tasse) de fromage suisse, le vin, la moutarde forte, le sel et le poivre qui restent.

• Étaler 125 ml (½ tasse) de sauce au fromage au fond d'un plat de 3 litres (13 po sur 9 po) allant au four. Farcir les manicotti, puis les disposer dans le plat.

• Napper les manicotti du reste de sauce au fromage et saupoudrer du reste de fromage suisse. Faire cuire au four à 180 °C (350 °F) pendant 30 minutes, ou jusqu'à ce que le plat soit bien chaud.

PRÉPARATION : 30 MINUTES
CUISSON : 20 MINUTES
CUISSON AU FOUR : 30 MINUTES
DONNE 4 PORTIONS

LASAGNE con CARNE

LASAGNE À LA VIANDE

12	lasagne PRIMO	12
1	recette de sauce bolognaise (p. 144)	1
50 ml	beurre	¼ tasse
50 ml	farine tout usage	¼ tasse
750 ml	lait à 2 %	3 tasses
1	pincée de *chacun* des ingrédients suivants : sel, poivre et muscade	1
75 ml	fromage 100 % Parmesan râpé PRIMO	⅓ tasse

● Faire cuire les lasagne dans de l'eau bouillante salée de 18 à 20 minutes. Les mettre dans un bol rempli d'eau froide, puis les égoutter ; réserver.

● Dans une casserole à fond épais, faire fondre le beurre à feu moyen-doux. Ajouter la farine et la faire cuire pendant 1 minute, en remuant. Au fouet, incorporer graduellement le lait. Augmenter le feu à moyen en fouettant, et poursuivre la cuisson jusqu'à ce que le mélange arrive au point d'ébullition.

● Baisser le feu à doux et incorporer le sel, le poivre et la muscade ; poursuivre la cuisson pendant 10 minutes ou jusqu'à ce que le mélange ait épaissi, en remuant de temps en temps ; retirer du feu.

● Étaler 125 ml (½ tasse) de sauce blanche au fond d'un plat de 3 litres (13 po sur 9 po) allant au four et couvrir de 3 lasagne. Napper de la moitié de la sauce à la viande et couvrir de 3 autres lasagne. Napper de la moitié de la sauce blanche qui reste et couvrir de 3 autres lasagne. Répéter ces couches en terminant avec la sauce blanche et saupoudrer de parmesan.

● Faire cuire au four à 180 °C (350 °F) pendant 25 minutes ou jusqu'à ce que la lasagne soit bien chaude et que le parmesan soit doré.

PRÉPARATION : 10 MINUTES
CUISSON : 30 MINUTES
CUISSON AU FOUR : 25 MINUTES
DONNE 12 PORTIONS

CASSEROLE AU THON

15 ml	huile végétale PRIMO	1 c. à s.
250 ml	champignons frais tranchés	1 tasse
125 ml	*chacun* des ingrédients suivants, hachés : oignon, poivron vert et céleri	½ tasse
250 ml	lait	1 tasse
1	boîte de 284 ml (10 oz) de crème de champignons	1
5 ml	moutarde forte	1 c. à t.
750 ml	petites coquilles PRIMO	3 tasses
125 ml	petits pois surgelés	½ tasse
2	boîtes de 199 ml (7 oz) *chacune* de thon blanc entier PRIMO, égoutté et émietté	2
50 ml	chapelure assaisonnée à l'italienne PRIMO	¼ tasse
50 ml	fromage 100 % Parmesan râpé PRIMO	¼ tasse

— Dans une poêle, faire chauffer l'huile à feu moyen. Y faire revenir les champignons, l'oignon, le poivron vert et le céleri pendant 5 minutes, ou jusqu'à ce qu'ils soient tendres.

— Dans un bol, mélanger au fouet le lait, la soupe aux champignons et la moutarde. Y incorporer le mélange aux champignons et réserver.

— Dans une grande casserole remplie d'eau bouillante salée, faire cuire les pâtes pendant 9 minutes, ou jusqu'à ce qu'elles soient tendres mais encore croquantes. Les égoutter et les incorporer au mélange au lait avec les petits pois et le thon. Verser dans un plat de 2 litres allant au four.

— Mélanger la chapelure et le parmesan ; en parsemer les pâtes. Faire cuire au four à 190 °C (350 °F) pendant 30 minutes, ou jusqu'à ce que le mélange soit chaud et qu'il bouillonne.

PRÉPARATION : 10 MINUTES
CUISSON : 15 MINUTES
CUISSON AU FOUR : 30 MINUTES
DONNE 4 PORTIONS

POULET AU PARMESAN

SAUCE TOMATE :

15 ml	huile d'olive 100 % pure PRIMO	1 c. à s.
1	petit oignon, haché	1
3	gousses d'ail, hachées finement	3
1 ml	poivre	¼ c. à t.
1	boîte de 796 ml (28 oz) de tomates écrasées PRIMO	1

POULET PANÉ :

4	poitrines de poulet désossées	4
125 ml	chapelure PRIMO	½ tasse
50 ml	fromage 100 % Parmesan râpé PRIMO	¼ tasse
50 ml	farine tout usage	¼ tasse
2	œufs, battus	2
250 ml	fromage mozzarella râpé	1 tasse
375 g	spaghetti PRIMO	¾ lb
50 ml	persil frais haché	¼ tasse

● Faire chauffer l'huile dans une casserole, à feu moyen. Y faire revenir l'oignon, l'ail et le poivre de 3 à 5 minutes, ou jusqu'à ce qu'ils soient ramollis. Incorporer les tomates. Laisser chauffer jusqu'à ce que la sauce arrive au point d'ébullition. Retirer du feu et réserver.

● Dégraisser les poitrines de poulet ; les mettre entre deux feuilles de papier ciré, puis les marteler jusqu'à ce qu'elles soient d'une épaisseur de 1 cm (½ po).

● Dans un plat peu profond, mélanger la chapelure et le parmesan. Enrober chaque poitrine de poulet de farine, puis d'œuf et finalement du mélange à la chapelure. Disposer sur une plaque allant au four. Faire cuire au four à 200 °C (400 °F) pendant 10 minutes.

● Mettre 50 ml (¼ tasse) de sauce tomate sur chaque poitrine de poulet, puis y parsemer 50 ml (¼ tasse) de mozzarella. Poursuivre la cuisson au four pendant 10 minutes, ou jusqu'à ce que le fromage soit fondu.

● Entre-temps, dans une grande casserole remplie d'eau bouillante salée, faire cuire les pâtes de 8 à 10 minutes, ou jusqu'à ce qu'elles soient tendres mais encore croquantes. Les égoutter et les mélanger au reste de la sauce tomate et au persil. Servir avec le poulet.

CONSEIL : si vous voulez préparer ce plat à l'avance, panez les poitrines de poulet et placez-les sur une grille posée dans une plaque allant au four. Elles se gardent jusqu'à 4 heures au réfrigérateur.

PRÉPARATION : 25 MINUTES
CUISSON : 10 MINUTES
CUISSON AU FOUR : 20 MINUTES
DONNE 4 PORTIONS

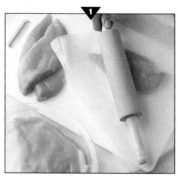

Mettre les poitrines de poulet entre des feuilles de papier ciré, puis les marteler jusqu'à ce qu'elles soient à une épaisseur de 1 cm (¹/₂ po).

Enrober chaque poitrine de poulet d'abord de farine, puis d'œuf et finalement de chapelure. Faire cuire au four 10 minutes.

Couvrir chaque poitrine de poulet de sauce tomate et parsemer de mozzarella. Faire cuire jusqu'à ce que le fromage soit fondu.

PASTITSIO

675 ml	macaronis PRIMO	2¾ tasses

SAUCE À LA VIANDE :

15 ml	huile d'olive 100 % pure PRIMO	1 c. à s.
1	oignon, haché	1
2	gousses d'ail, hachées finement	2
675 g	bœuf ou agneau haché maigre	1½ lb
1	boîte de 796 ml (28 oz) de tomates PRIMO	1
25 ml	pâte de tomates PRIMO	2 c. à s.
7 ml	origan séché	1½ c. à t.
5 ml	cannelle moulue	1 c. à t.
1	pincée de poivre de Cayenne	1
1 ml	sel	¼ c. à t.
1 ml	poivre	¼ c. à t.

CRÈME :

75 ml	beurre	⅓ tasse
75 ml	farine tout usage	⅓ tasse
1,25 litre	lait à 2 %	5 tasses
2 ml	muscade moulue	½ c. à t.
1	feuille de laurier	1
3	œufs	3
125 ml	fromage 100 % Parmesan râpé PRIMO	½ tasse
125 ml	fromage 100 % Romano râpé PRIMO	½ tasse

• Dans une grande casserole remplie d'eau bouillante salée, faire cuire les pâtes de 8 à 10 minutes, ou jusqu'à ce qu'elles soient tendres mais encore croquantes. Les égoutter, les rincer légèrement, les égoutter de nouveau et réserver.

• Dans une grande casserole, faire chauffer l'huile à feu moyen. Y faire revenir l'oignon et l'ail pendant 3 minutes, ou jusqu'à ce qu'ils soient ramollis. Ajouter le bœuf et poursuivre la cuisson 5 minutes ou jusqu'à ce que la viande soit dorée.

• Incorporer les tomates, la pâte de tomates, l'origan, la cannelle, le poivre de Cayenne, une pincée de sel et de poivre ; porter à ébullition. Baisser le feu à moyen-doux et laisser cuire 20 minutes ou jusqu'à ce que la sauce ait épaissi.

• Entre-temps, dans une grande casserole, faire fondre le beurre à feu moyen-doux. Ajouter la farine et laisser cuire 1 minute en remuant continuellement.

• Au fouet, incorporer graduellement le lait. Incorporer ensuite le sel et le poivre qui restent, la muscade et le laurier. Faire cuire 7 minutes ou jusqu'à ce que le mélange arrive à ébullition, en remuant continuellement. Baisser le feu à doux et laisser cuire 10 minutes en remuant de temps en temps. Retirer du feu et jeter la feuille de laurier.

• Fouetter les œufs dans un bol, puis y incorporer au fouet, graduellement, 500 ml (2 tasses) de sauce blanche. Verser ce mélange dans la casserole contenant la sauce blanche et bien mélanger au fouet.

• Dans un petit bol, mélanger les fromages parmesan et romano.

• Étaler la moitié des pâtes au fond d'un plat de 3 litres (13 po sur 9 po) allant au four. Couvrir de la moitié de la sauce blanche, puis de la moitié du mélange au fromage. Étaler toute la sauce à la viande dessus. Répéter les couches de pâtes, de sauce blanche et de fromage.

• Faire cuire au four à 200 °C (400 °F) pendant 30 minutes ou jusqu'à ce que le dessus soit doré et bouillonne. Laisser reposer 15 minutes avant de servir.

PRÉPARATION : 10 MINUTES
CUISSON : 20 MINUTES
CUISSON AU FOUR : 30 MINUTES
DONNE 12 PORTIONS

KUGEL AUX NOUILLES

Servez ce plat avec une salade verte et quelques fruits frais comme dessert.
Cette recette est parfaite pour un dîner ou pour un brunch.

225 g	nouilles aux œufs moyennes de PRIMO	½ lb
25 ml	huile végétale PRIMO	2 c. à s.
1	oignon, haché	1
500 ml	champignons frais coupés en quatre	2 tasses
3	oignons verts, hachés	3
4 ml	sel	¾ c. à t.
1 ml	poivre	¼ c. à t.
250 ml	crème sure faible en gras	1 tasse
2	œufs, battus	2
25 ml	persil frais haché	2 c. à s.

● Dans une grande casserole remplie d'eau bouillante salée, faire cuire les pâtes de 6 à 8 minutes, ou jusqu'à ce qu'elles soient tendres mais encore croquantes. Les égoutter, les rincer à l'eau froide, les égoutter de nouveau et réserver.

● Entre-temps, dans une grande poêle, faire chauffer à feu moyen 15 ml (1 c. à s.) d'huile. Y faire revenir l'oignon de 3 à 5 minutes ou jusqu'à ce qu'il soit ramolli.

● Faire chauffer le reste de l'huile dans la poêle. Y faire cuire les champignons, les oignons verts, le sel et le poivre pendant 8 minutes ou jusqu'à ce que les oignons commencent à brunir.

● Retirer du feu et incorporer aux nouilles cuites avec la crème sure, les œufs et le persil. Verser dans un plat de 1,5 litre (8 po de côté) allant au four et graissé. Faire cuire au four à 180 °C (350 °F) pendant 40 à 45 minutes ou jusqu'à ce que le mélange soit pris. Laisser reposer 10 minutes avant de couper en carrés avec un couteau à scie.

PRÉPARATION : 10 MINUTES
CUISSON : 15 MINUTES
CUISSON AU FOUR : 45 MINUTES
DONNE 6 PORTIONS

MACARONIS AU FROMAGE

500 ml	macaronis PRIMO	2 tasses
25 ml	*chacun* des ingrédients suivants : beurre, oignon haché finement et farine tout usage	2 c. à s.
500 ml	lait à 2 %	2 tasses
1 ml	poivre	¼ c. à t.
1 ml	sel	¼ c. à t.
750 ml	fromage cheddar extra-fort râpé	3 tasses
25 ml	chapelure assaisonnée à l'italienne PRIMO	2 c. à s.
25 ml	fromage 100 % Parmesan râpé PRIMO	2 c. à s.

———

● Dans une grande casserole remplie d'eau bouillante salée, faire cuire les pâtes pendant 8 à 10 minutes, ou jusqu'à ce qu'elles soient tendres mais encore croquantes. Les égoutter et les rincer légèrement.

● Faire fondre le beurre dans une casserole, à feu moyen-doux. Y faire revenir l'oignon 3 minutes, ou jusqu'à ce qu'il soit tendre.

● Ajouter la farine et laisser cuire 1 minute, en remuant. Incorporer graduellement le lait ; saler et poivrer. Poursuivre la cuisson 5 minutes ou jusqu'à ce que le mélange arrive à ébullition, en remuant.

● Baisser le feu à doux et laisser cuire 10 minutes, en remuant de temps en temps. Retirer du feu et incorporer graduellement le fromage. Incorporer les pâtes et mettre dans un plat de 2 litres allant au four.

● Mélanger la chapelure et le parmesan ; en saupoudrer les pâtes. Faire cuire au four à 190 °C (375 °F) pendant 30 minutes, ou jusqu'à ce que le mélange bouillonne.

PRÉPARATION : 10 MINUTES
CUISSON : 20 MINUTES
CUISSON AU FOUR : 30 MINUTES
DONNE 4 PORTIONS

LASAGNE AUX COURGETTES ET AUX AUBERGINES

9	lasagne PRIMO	9

SAUCE TOMATE :

1	boîte de 796 ml (28 oz) de tomates écrasées PRIMO	1
2	gousses d'ail, hachées finement	2

SAUCE AU FROMAGE :

25 ml	beurre	2 c. à s.
25 ml	farine tout usage	2 c. à s.
500 ml	lait	2 tasses
2	feuilles de laurier	2
1	pincée de *chacune* des épices suivantes : muscade moulue, sel et poivre	1
250 ml	fromage gruyère ou emmenthal râpé	1 tasse

LÉGUMES :

50 ml	huile d'olive 100 % pure PRIMO	¼ tasse
450 g	courgettes, émincées	1 lb
450 g	aubergines, émincées	1 lb
225 g	champignons, tranchés	½ lb
1 ml	thym séché	¼ c. à t.
1	pincée de sel	1
1	pincée de poivre	1

GARNITURE :

375 ml	fromage mozzarella râpé	1½ tasse

● Dans un bol en verre, mélanger les tomates et l'ail; réserver.

● Dans une casserole à fond épais, faire fondre le beurre à feu moyen. Ajouter la farine et faire cuire pendant 1 minute, en remuant.

● Au fouet, incorporer graduellement le lait; ajouter le laurier, la muscade, le sel et le poivre. Porter à ébullition à feu moyen, en remuant continuellement. Baisser le feu et

poursuivre la cuisson 5 minutes. Retirer du feu et jeter les feuilles de laurier. Incorporer le fromage et mélanger jusqu'à ce qu'il soit fondu. Réserver.

● Dans une poêle, faire chauffer à feu moyen-vif 15 ml (1 c. à s.) d'huile. Y faire revenir séparément les courgettes et les aubergines de 7 à 10 minutes chaque fois, ou jusqu'à ce qu'elles soient ramollies. Les retirer de la poêle et réserver.

● Faire chauffer le reste de l'huile dans la poêle et y faire cuire les champignons, le thym, le sel et le poivre jusqu'à ce que le liquide soit évaporé. Réserver.

● Entre-temps, dans une grande casserole remplie d'eau bouillante salée, faire cuire les lasagne 12 à 14 minutes, ou jusqu'à ce qu'elles soient tendres mais encore croquantes. Les mettre ensuite dans un bol d'eau froide, les égoutter et réserver.

● Étaler uniformément 250 ml (1 tasse) de sauce tomate au fond d'un plat de 2 litres (9 po sur 13 po) allant au four.

● Mettre une couche de 3 lasagne sur la sauce. Couvrir uniformément des courgettes et parsemer de champignons. Étaler uniformément de la sauce au fromage sur la couche de courgettes et de champignons et couvrir de 3 autres lasagne. Disposer ensuite les aubergines sur les lasagne et les napper de 250 ml (1 tasse) de sauce tomate.

● Terminer par une couche de lasagne, couvrir du reste de la sauce tomate et saupoudrer de la mozzarella.

● Faire cuire au four à 180 °C (350 °F) pendant 30 à 35 minutes, ou jusqu'à ce que le fromage soit fondu et que la sauce bouillonne. Laisser reposer 15 minutes avant de servir.

PRÉPARATION : 30 MINUTES
CUISSON : 30 MINUTES
CUISSON AU FOUR : 35 MINUTES
DONNE 8 À 10 PORTIONS

Aux légumes cuits, mélanger les tomates, la sauce à spaghetti, la sauce Worcestershire et le piment fort. Faire cuire 1 heure, en remuant de temps en temps.

Dans un grand bol, mélanger les fromages, les œufs, les noix, le persil, le basilic, le sel et le poivre.

Farcir les pâtes et les mettre dans le plat préparé. Napper avec le reste de la sauce et saupoudrer de parmesan.

COQUILLES FARCIES AU FROMAGE

Le fromage cottage donne à ces coquilles farcies une consistance similaire à celle de la viande.

SAUCE TOMATE :

15 ml	huile d'olive 100 % pure PRIMO	1 c. à s.
125 ml	oignon, haché	½ tasse
125 ml	céleri haché	½ tasse
3	gousses d'ail, hachées finement	3
1	boîte de 796 ml (28 oz) de tomates PRIMO	1
1	boîte de 680 ml (24 oz) de sauce spaghetti aux tomates recette originale PRIMO	1
10 ml	sauce Worcestershire	2 c. à t.
1	pincée de piment fort en flocons	1
1	boîte de coquilles géantes PRIMO	1

GARNITURE :

2	paquets de 500 g chacun de fromage cottage	2
2	œufs	2
75 ml	noix de Grenoble hachées	⅓ tasse
250 ml	fromage mozzarella râpé	1 tasse
125 ml	fromage asiago râpé	½ tasse
25 ml	persil frais haché	2 c. à s.
25 ml	basilic frais haché	2 c. à s.
2 ml	sel	½ c. à t.
2 ml	poivre	½ c. à t.
125 ml	fromage 100 % Parmesan râpé PRIMO	½ tasse

⬤ Dans une grande casserole, faire chauffer l'huile à feu moyen. Y faire revenir l'oignon, le céleri et l'ail pendant 3 minutes, ou jusqu'à ce qu'ils soient ramollis. Ajouter les tomates, la sauce à spaghetti, la sauce Worcestershire et le piment fort; porter à ébullition. Baisser le feu à moyen-doux et faire cuire pendant 1 heure, en remuant de temps en temps.

⬤ Entre-temps, dans une grande casserole remplie d'eau bouillante salée, faire cuire les pâtes de 18 à 20 minutes, ou jusqu'à ce qu'elles soient tendres. Les mettre dans l'eau froide et les égoutter.

⬤ Dans un grand bol, mélanger le fromage cottage, les œufs, les noix, les fromages mozzarella et asiago, le persil, le basilic, le sel et le poivre.

⬤ Étaler 250 ml (1 tasse) de sauce dans deux plats de 3 litres (13 po sur 9 po) allant au four.

⬤ Farcir chaque coquille avec 45 ml (3 c. à s.) de garniture et répartir les coquilles farcies entre les plats. Les napper de la sauce qui reste et saupoudrer chaque plat de 50 ml (¼ tasse) de parmesan.

⬤ Faire cuire au four à 180 °C (350 °F) pendant 30 minutes ou jusqu'à ce que les coquilles soient bien chaudes.

PRÉPARATION : 15 MINUTES
CUISSON : 1 HEURE
CUISSON AU FOUR : 30 MINUTES
DONNE 12 PORTIONS

SALADE CHAUDE DE PÂTES À LA RATATOUILLE

450 g	courgettes	1 lb
450 g	aubergines	1 lb
1	poivron rouge, épépiné et coupé en cubes	1
1	oignon, tranché	1
4	gousses d'ail, hachées finement	4
5 ml	paprika	1 c. à t.
2 ml	*chacun* des aromates suivants: sel, poivre, basilic et origan séché	½ c. à t.
1	boîte de 796 ml (28 oz) de tomates PRIMO, égouttées et concassées grossièrement	1
750 ml	bocconcini PRIMO persil frais haché	3 tasses

• Couper les aubergines et les courgettes en cubes de 2,5 cm (1 po); les mettre au fond d'une grande cocotte allant au four. Couvrir d'une couche de poivron rouge et d'oignon.

• Saupoudrer uniformément d'ail, de paprika de sel, de poivre, de basilic et d'origan. À la cuillère, répartir uniformément les tomates sur le dessus. Faire cuire au four à 180 °C (350 °F) pendant 1 heure. Trente minutes avant la fin de la cuisson, bien remuer.

• Entre-temps, dans une grande casserole remplie d'eau bouillante salée, faire cuire les pâtes de 8 à 10 minutes, ou jusqu'à ce qu'elles soient tendres mais encore croquantes; les égoutter.

• Mélanger les pâtes avec la ratatouille. Saupoudrer de persil et servir.

PRÉPARATION : 15 MINUTES
CUISSON : 10 MINUTES
CUISSON AU FOUR : 1 HEURE
DONNE 4 À 6 PORTIONS

DESSERTS

ZABAGLIONE con BISCOTTI 'S' e BACCHE

SABAYON

Un dessert simple, riche et élégant.

4	jaunes d'œufs	4
50 ml	sucre	¼ tasse
75 ml	xérès doux	⅓ tasse
15 ml	eau tiède	1 c. à s.
2	biscuits «S» PRIMO, écrasés	2
1,25 litre	fraises fraîches coupées en quatre	5 tasses

• Dans un bol résistant à la chaleur, fouetter les jaunes d'œufs, le sucre, 50 ml (¼ tasse) de xérès doux et l'eau tiède. Placer le bol sur une casserole d'eau à peine frémissante et fouetter au batteur électrique, à vitesse maximale, pendant 5 à 7 minutes, ou jusqu'à ce que le mélange ait pris une consistance épaisse et mousseuse et une couleur jaune pâle.

• Mélanger les biscuits S au reste de xérès. Servir le sabayon dans des petites coupes à dessert, garnir de fraises, saupoudrer de biscuits écrasés et servir.

PRÉPARATION : 15 MINUTES
CUISSON : 10 MINUTES
DONNE 6 PORTIONS

TIRAMISÙ LÉGER

500 ml	yogourt nature léger	2 tasses
2	paquets de 150 g de doigts de dame géants PRIMO	2
300 ml	café fort	1¼ tasse
25 ml	brandy ou rhum ambré	2 c. à s.
25 ml	liqueur de café	2 c. à s.
1	paquet de 225 g (8 oz) de fromage à la crème léger	1
5 ml	vanille	1 c. à t.
6 ml	gélatine sans saveur (½ sachet de 7 g)	1¼ c. à t.
45 ml	jus d'orange concentré	3 c. à s.
125 ml	sucre	½ tasse
50 ml	eau	¼ tasse
6	blancs d'œufs	6
25 ml	cacao	2 c. à s.

● Dans une passoire tapissée d'une mousseline et posée sur un bol, laisser le yogourt s'égoutter pendant 8 heures, au réfrigérateur.

● Couper 2,5 cm (1 po) à une des extrémités de chacun des doigts de dame. Mettre les doigts de dame debout autour d'un moule rond de 2,5 litres (9 po de diamètre) à fond amovible, en appuyant le côté bombé du doigt de dame contre les parois du moule.

● Avec les extrémités coupées, couvrir le fond du moule. Réserver les morceaux qui restent, s'il y a lieu.

● Mélanger le café, le brandy et la liqueur de café. Arroser les biscuits dans le moule avec 250 ml (1 tasse) de ce mélange ; réserver.

● Battre le yogourt égoutté avec le fromage à la crème et la vanille pour obtenir une consistance onctueuse ; réserver. Dans une petite casserole, mélanger la gélatine et le jus d'orange. Faire cuire à feu moyen 2 minutes, puis incorporer le mélange au yogourt.

● Dans une petite casserole à fond épais, mélanger le sucre et l'eau. Faire cuire à feu moyen-vif jusqu'à l'obtention d'une boule molle (105 °C/225 °F au thermomètre à bonbons). Retirer du feu.

● Battre les blancs d'œufs en mousse. Incorporer graduellement le mélange au sucre ; battre jusqu'à ce que des pics mous se forment et que le mélange ait refroidi.

● Incorporer délicatement les blancs d'œufs battus au mélange au yogourt, ⅓ à la fois.

● Étaler la moitié de la préparation crémeuse sur les doigts de dame imbibés de café, dans le moule. Saupoudrer de 15 ml (1 c. à s.) de cacao.

● Disposer sur la garniture les doigts de dame qui restent, et arroser du reste du mélange au café. Couvrir de la garniture qui reste et saupoudrer du reste de cacao. Réfrigérer au moins 8 heures avant de servir.

PRÉPARATION : 30 MINUTES
CUISSON : 5 MINUTES
RÉFRIGÉRATION : 4 À 8 HEURES
DONNE 8 À 10 PORTIONS

Mettre le yogourt dans une passoire tapissée d'une mousseline et le laisser s'égoutter au moins 8 heures.

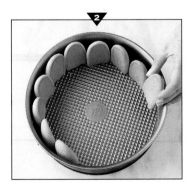

Mettre les doigts de dame autour d'un moule rond à fond amovible, le côté bombé contre les parois.

Couvrir entièrement des morceaux de doigts de dame le fond du moule et arroser avec 250 ml (1 tasse) du mélange à café.

Battre le yogourt égoutté, le fromage à la crème et la vanille pour obtenir une consistance onctueuse.

Incorporer graduellement les blancs d'œufs battus au mélange au yogourt, $1/3$ à la fois.

Disposer sur la garniture les doigts de dame qui restent et arroser du reste du mélange au café. Couvrir de la garniture qui reste et saupoudrer de cacao.

TIRAMISÙ

Le mot tiramisù signifie «remonte-moi». Servez une petite portion
de ce dessert riche et délicieux après un dîner léger.

2	paquets de 150 g chacun de doigts de dame géants PRIMO	2
425 ml	café fort	1¾ tasse
25 ml	brandy	2 c. à s.
25 ml	liqueur de café	2 c. à s.
50 ml	sucre	¼ tasse
3	jaunes d'œufs	3
1	contenant de 450 g (1 lb) de fromage mascarpone	1
250 ml	crème à 35 %, fouettée	1 tasse
25 ml	cacao	2 c. à s.

- Disposer un paquet de doigts de dame au fond d'un plat de 2 litres (11 po sur 7 po) allant au four.

- Dans une tasse en verre graduée, mélanger le café, le brandy, la liqueur de café et 15 ml (1 c. à s.) de sucre. Arroser de la moitié de ce mélange les doigts de dame disposés dans le plat; réserver.

- Dans un bol en acier inoxydable placé sur une casserole d'eau chaude mais non bouillante, fouetter le sucre qui reste et les jaunes d'œufs au batteur électrique pendant 7 à 9 minutes, ou jusqu'à ce que le mélange ait une couleur jaune pâle et une consistance épaisse et mousseuse.

- Retirer de la source de chaleur et incorporer au fouet le mascarpone. Très délicatement, incorporer d'abord le quart de la crème fouettée, puis incorporer le reste jusqu'à ce que le mélange soit parfaitement homogène.

- Avec une cuillère, étaler la moitié du mélange au mascarpone sur les doigts de dame, dans le plat. Saupoudrer de 15 ml (1 c. à s.) de cacao.

- Disposer sur la garniture le paquet de doigts de dame qui reste; arroser du reste du mélange au café. Les doigts de dame absorberont le surplus de mélange au café, s'il y a lieu.

- Avec une cuillère, étaler uniformément sur les doigts de dame le reste de la garniture au mascarpone et saupoudrer du reste de cacao. Réfrigérer de 4 à 8 heures avant de servir.

PRÉPARATION : 25 MINUTES
CUISSON : 10 MINUTES
RÉFRIGÉRATION : 4 À 8 HEURES
DONNE 8 À 10 PORTIONS

PUDDING AUX NOUILLES ET AUX ANANAS

1	paquet de 375 g de nouilles aux œufs moyennes ou larges PRIMO	1
1	boîte de 540 ml (19 oz) d'ananas broyés, égouttés	1
375 ml	lait	1½ tasse
3	œufs, légèrement battus	3
25 ml	*chacun* des ingrédients suivants: sucre, miel et jus de citron	2 c. à s.
5 ml	vanille	1 c. à t.
250 ml	chapelure	1 tasse
50 ml	cassonade tassée	¼ tasse
45 ml	beurre fondu	3 c. à s.
5 ml	cannelle	1 c. à t.

———•———

• Dans une grande casserole remplie d'eau bouillante salée, faire cuire les pâtes de 8 à 10 minutes ou jusqu'à ce qu'elles soient croquantes; égoutter, rincer à l'eau froide, égoutter de nouveau et réserver.

• Mélanger les ananas, le lait, les œufs, le sucre, le miel, le jus de citron et la vanille; ajouter les nouilles et bien mélanger. Verser dans un plat graissé de 2 litres (11 po sur 7 po) allant au four.

• Dans un petit bol, mélanger la chapelure, la cassonade, le beurre fondu et la cannelle; étaler sur le mélange aux nouilles.

• Faire cuire au four à 180 °C (350 °F) pendant 1 heure. Laisser reposer 10 minutes avant de servir.

PRÉPARATION : 10 MINUTES
CUISSON : 10 MINUTES
CUISSON AU FOUR : 1 HEURE
DONNE 8 PORTIONS

LASAGNE À LA CRÈME DE POMMES

9	lasagne au four PRIMO	9
75 ml	beurre	⅓ tasse
6	pommes Granny Smith, pelées, évidées et tranchées	6
75 ml	cassonade tassée	⅓ tasse
125 ml	pacanes grillées et hachées	½ tasse
10 ml	cannelle moulue	2 c. à t.
1	paquet de 250 g de fromage à la crème léger, ramolli	1
1	œuf	1
5 ml	vanille	1 c. à t.
250 ml	crème à 35 %, fouettée	1 tasse
125 ml	chapelure	½ tasse
50 ml	sucre	¼ tasse

• Placer les lasagne dans un plat de 2 litres (11 po sur 7 po) allant au four, les couvrir de 2 litres (8 tasses) d'eau tiède et les laisser tremper pendant 20 minutes. Égoutter et réserver.

• Entre-temps, dans une casserole, faire fondre à feu moyen 50 ml (¼ tasse) de beurre. Ajouter les pommes, couvrir et faire cuire pendant 10 minutes ou jusqu'à ce qu'elles soient tendres, en remuant de temps en temps. Retirer du feu et incorporer 45 ml (3 c. à s.) de cassonade, les pacanes et la cannelle; réserver.

• Dans un grand bol, battre le fromage à la crème et le reste de la cassonade au batteur électrique à vitesse moyenne, pendant 3 minutes ou jusqu'à ce que le mélange soit léger et mousseux. Sans cesser de battre, ajouter les œufs et la vanille. Incorporer délicatement la crème fouettée au mélange au fromage à la crème; réserver.

• Faire fondre le beurre qui reste; le mélanger avec la chapelure et le sucre.

• Étaler au fond d'un plat allant au four la moitié du mélange aux pommes. Couvrir de 3 lasagne, puis de la moitié du mélange à la crème et terminer par 3 lasagne. Étaler le reste du mélange aux pommes sur les lasagne et saupoudrer de chapelure.

• Faire cuire au four à 180 °C (350 °F) pendant 30 minutes. Laisser reposer 20 minutes avant de servir.

PRÉPARATION : 20 MINUTES
CUISSON : 10 MINUTES
CUISSON AU FOUR : 30 MINUTES
DONNE 8 PORTIONS

SOUFFLÉ À L'ORZO ET AU CHOCOLAT

175 g	chocolat mi-amer	6 oz
25 ml	beurre	2 c. à s.
50 ml	orzo PRIMO	¼ tasse
4	jaunes d'œufs	4
8	blancs d'œufs	8
25 ml	sucre	2 c. à s.

• Graisser un moule à soufflé de 1,6 litre (7 po sur 3 po) et saupoudrer les parois et le fond de 10 ml (2 c. à t.) de sucre.

• Mettre le chocolat et le beurre dans un bol en acier inoxydable posé sur une casserole remplie d'eau chaude, non bouillante, et faire chauffer à feu doux, en remuant de temps en temps, jusqu'à ce que le chocolat et le beurre soient fondus; retirer du feu.

• Entre-temps, dans une casserole remplie d'eau bouillante salée, faire cuire les pâtes de 6 à 8 minutes ou jusqu'à ce qu'elles soient tendres; rincer à l'eau froide et égoutter.

• Dans un petit bol, battre les jaunes d'œuf pendant 2½ minutes, ou jusqu'à ce qu'ils aient épaissi et qu'ils aient pris une teinte jaune pâle; incorporer l'orzo puis mélanger cette préparation au mélange au chocolat.

• Dans un grand bol, battre les blancs d'œufs et le sucre en neige ferme. Bien mélanger le quart des blancs d'œufs au mélange au chocolat. Incorporer délicatement le reste des blancs d'œufs.

• Verser dans le moule à soufflé; égaliser le dessus et faire courir une petite cuillère autour du plat pour créer un vide autour du soufflé.

• Faire cuire au four à 200 °C (400 °F) pendant 25 à 30 minutes, ou jusqu'à ce que le soufflé ait gonflé et que le dessus soit ferme au toucher. Servir immédiatement.

CONSEIL: pour obtenir des petits soufflés, verser la préparation dans 8 ramequins graissés et enduits de sucre. Diminuer le temps de cuisson de 10 minutes.

PRÉPARATION : 10 MINUTES
CUISSON : 6 À 8 MINUTES
CUISSON AU FOUR : 30 MINUTES
DONNE 8 PORTIONS

Faire fondre le chocolat et le beurre dans un bol posé sur une casserole d'eau chaude, non bouillante.

Mélanger l'orzo cuit aux jaunes d'œufs.

Incorporer délicatement le mélange aux jaunes d'œufs à la préparation au chocolat.

Dans un grand bol, fouetter les blancs d'œufs et le sucre pour obtenir des pics mous.

Bien incorporer délicatement les blancs d'œufs à la préparation au chocolat.

Verser le mélange dans un moule à soufflé. Faire cuire de 25 à 30 minutes ou jusqu'à ce que le soufflé ait gonflé et que le dessus soit ferme au toucher.

Pudding crémeux au riz

Rien n'est plus réconfortant que l'odeur du pudding au riz
qui cuit doucement sur le feu.

1 litre	lait	4 tasses
75 ml	raisins secs	⅓ tasse
125 ml	riz arborio PRIMO	½ tasse
75 ml	cassonade tassée	⅓ tasse
1 ml	cannelle moulue	¼ c. à t.
1 ml	sel	¼ c. à t.
5 ml	vanille	1 c. à t.

• Dans une casserole à fond épais, mélanger le lait, les raisins secs, le riz, la cassonade, la cannelle et le sel. Amener à ébullition à feu moyen-vif, en remuant continuellement. Baisser le feu à doux, couvrir et laisser mijoter 25 minutes ou jusqu'à ce que le mélange ait épaissi, en remuant de temps en temps.

• Découvrir et poursuivre la cuisson 5 minutes. Retirer du feu et incorporer la vanille. Verser dans des ramequins et servir.

PRÉPARATION : 5 MINUTES
CUISSON : 30 MINUTES
DONNE 4 À 6 PORTIONS

DIPLOMATE AUX PETITS FRUITS

750 ml	lait	3 tasses
6	jaunes d'œufs	6
175 ml	sucre	¾ tasse
15 ml	fécule de maïs	1 c. à s.
5 ml	vanille	1 c. à t.
250 ml	*chacune* des baies suivantes coupées en deux: bleuets, framboises et fraises	1 tasse
1	paquet de 150 g de doigts de dame PRIMO, en morceaux	1
125 ml	xérès	½ tasse
250 ml	crème à fouetter	1 tasse
15 ml	sucre	1 c. à s.

• Faire chauffer le lait à feu moyen-vif jusqu'à ce qu'il frémisse; baisser le feu à doux.

• Mélanger au fouet les jaunes d'œufs, le sucre et la fécule de maïs. Sans cesser de fouetter, incorporer graduellement le lait chaud.

Remettre le mélange dans la casserole et faire cuire, en remuant, 6 minutes ou jusqu'à ce que la crème épaississe. Ne pas faire bouillir. Retirer du feu, filtrer, incorporer la vanille et réserver.

• Mélanger délicatement les petits fruits.

• Disposer la moitié des doigts de dame au fond d'un bol de 2 litres (8 tasses). Arroser de 50 ml (¼ tasse) de xérès et couvrir de la moitié du mélange de petits fruits.

• Étaler la moitié de la crème pâtissière sur les baies. Couvrir des doigts de dame, du xérès, des fruits et de la crème pâtissière qui restent. Couvrir et réfrigérer 4 heures ou jusqu'au lendemain.

• Fouetter la crème en pics fermes. L'étaler sur le diplomate ou le décorer avec une poche à douille.

PRÉPARATION : 20 MINUTES
CUISSON : 10 MINUTES
RÉFRIGÉRATION : 4 HEURES
DONNE 6 À 8 PORTIONS

Chemiser de doigts de dame un plat allant au four.

Badigeonner les doigts de dame de 75 ml (¹/₃ tasse) de jus d'ananas.

Couvrir les doigts de dame de pêches et d'ananas.

DESSERT AUX ANANAS ET AUX PÊCHES

250 ml	orzo PRIMO	1 tasse
1	paquet de 150 g (5,3 oz) de doigts de dame géants PRIMO	1
1	boîte de 398 ml (14 oz) d'ananas écrasés, bien égouttés, le jus réservé	1
1	boîte de 796 ml (28 oz) de pêches tranchées, égouttées	1
425 ml	lait froid	1¾ tasse
250 ml	ricotta	1 tasse
1	paquet de 4 portions de pudding instantané à la vanille	1
250 ml	crème à 35 %, fouettée	1 tasse

— Dans une grande casserole remplie d'eau bouillante salée, faire cuire les pâtes de 6 à 8 minutes, ou jusqu'à ce qu'elles soient tendres mais encore croquantes. Égoutter, rincer à l'eau froide, égoutter de nouveau et réserver.

— Entre-temps, chemiser de doigts de dame un plat de 2 litres (11 po sur 7 po), en les taillant au besoin aux dimensions du plat.

— À l'aide d'un pinceau, badigeonner les doigts de dame de 75 ml (⅓ tasse) de jus d'ananas réservé ; jeter le jus qui reste.

— Réserver 125 ml (½ tasse) de pêches tranchées et disposer le reste sur les doigts de dame ; parsemer d'ananas.

— Au mélangeur, réduire la ricotta en une purée lisse. Dans un grand bol, fouetter ensemble au batteur électrique la ricotta, le lait et le pudding instantané pendant 2 minutes, ou jusqu'à ce que le mélange soit parfaitement homogène. Incorporer l'orzo cuit.

— Verser sur le mélange ananas-pêches. Réfrigérer de 1 à 8 heures. Garnir de crème fouettée et des pêches réservées et servir.

PRÉPARATION : 20 MINUTES
RÉFRIGÉRATION : 1 À 8 HEURES
DONNE 10 À 12 PORTIONS

Dans un grand bol, fouetter la ricotta, le lait et le pudding instantané jusqu'à ce que le mélange soit bien homogène.

Incorporer l'orzo cuit à la préparation au pudding.

Verser la préparation au pudding sur le mélange ananas-pêches. Réfrigérer de 1 à 8 heures.

Blinis de cannelloni au fromage et au coulis de fraises

16	cannelloni PRIMO	16
25 ml	beurre froid, coupé en morceaux	2 c. à s.
	sucre à glacer et crème sure légère	

Garniture au fromage :

250 ml	ricotta légère	1 tasse
1	paquet de 225 g (8 oz) de fromage à la crème léger, ramolli	1
45 ml	sucre	3 c. à s.
1	œuf	1
5 ml	zeste de citron râpé finement	1 c. à t.
5 ml	jus de citron	1 c. à t.

Coulis aux fraises :

50 ml	sucre	¼ tasse
50 ml	eau	¼ tasse
500 ml	fraises fraîches ou surgelées	2 tasses
2 ml	jus de citron	½ c. à t.

• Dans une grande casserole remplie d'eau bouillante salée, faire cuire les cannelloni de 10 à 12 minutes, ou jusqu'à ce qu'ils soient tendres. Égoutter, refroidir sous l'eau froide, égoutter de nouveau. Fendre chaque cannelloni dans le sens de la longueur; les disposer à plat sur un linge propre; réserver.

• Au mélangeur, réduire la ricotta en purée. Dans un bol, au batteur électrique, fouetter en un mélange homogène la ricotta, le fromage à la crème, le sucre, l'œuf, le zeste et le jus de citron, jusqu'à ce que le mélange soit bien homogène.

• Déposer les nouilles sur un plan de travail. Répartir la garniture au fromage entre les cannelloni, puis l'étaler le long des pâtes. Les rouler comme pour un gâteau roulé et placer dans un plat beurré de 3 litres (13 po sur 9 po) allant au four.

• Couvrir de papier d'aluminium et faire cuire au four à 200 °C (400 °F) pendant 20 minutes ou jusqu'à ce que ce soit bien chaud.

• Entre-temps, dans une petite casserole, mélanger le sucre et l'eau et faire cuire à feu moyen jusqu'à ce que le sucre soit dissous. Ajouter les fraises et remuer jusqu'à ce qu'elles soient enrobées du sirop au sucre. Réduire en une purée lisse au mélangeur.

• Avec une cuillère, verser le coulis de fraises dans des assiettes à dessert et placer deux blinis dans chaque assiette. Saupoudrer de sucre à glacer et garnir d'une bonne cuillerée de crème sure. Décorer de feuilles de menthe si désiré.

Conseil : il est possible de remplacer les fraises par des framboises, mais il faut rectifier la quantité de sucre. Ce dessert peut se préparer 8 heures à l'avance et être cuit au dernier moment.

Préparation : 25 minutes
Cuisson : 10 minutes
Cuisson au four : 20 minutes
Donne 8 portions

INDEX